DE FER

PLÉMENT AU MÉMOIRE

SUR LA

CHE A CONTRE-VAPEUR

S MACHINES LOCOMOTIVES

CHATELIER

ingénieur en chef des mines

PARIS

IMPRIMERIE DE E. MARTINET

RUE MIGNON, 2

1869

SUPPLÉMENT AU MÉMOIRE

SUR LA

# MARCHE A CONTRE-VAPEUR

DES MACHINES LOCOMOTIVES

PARIS. — IMP. E. MARTINET, RUE MIGNON, 2.

CHEMINS DE FER

# SUPPLÉMENT AU MÉMOIRE

SUR LA

# MARCHE A CONTRE-VAPEUR

## DES MACHINES LOCOMOTIVES

PAR

M. LE CHATELIER

Ingénieur en chef des mines

PARIS

IMPRIMERIE DE E. MARTINET

RUE MIGNON, 2

1869

# INTRODUCTION

M. Ricour vient de faire réimprimer le mémoire qu'il a publié dans la livraison de mars 1869 des *Annales des ponts et chaussées,* avec des additions qui me forcent à occuper encore une fois le public de la question de la contre-vapeur.

La publication de mon premier mémoire sur cette question a eu pour point de départ une mission que M. le ministre des travaux publics a bien voulu me confier par décision du 30 septembre 1868. La forme en a été déterminée par les démarches de M. Ricour.

Pendant que je visitais les chemins de fer, pour recueillir les matériaux de mon rapport au ministre, j'ai eu connaissance, par la copie qui en avait été mise en circulation, d'un mémoire rédigé par M. Ricour, sous la date du 29 septembre, transmis le 11 novembre seulement à la commission des *Annales des ponts et chaussées*.

J'appris que l'on mettait également en circulation des lettres isolées, choisies dans ma correspondance parmi les moins essentielles, pour appuyer des prétentions que M. Ricour, dans le mémoire destiné aux *Annales des ponts et chaussées*, avait formulées en dernier lieu par une note dont voici les termes :

« Ces expériences ont été entreprises à la demande » de M. Le Chatelier, ingénieur en chef des mines, qui » dans une lettre en date du 23 juillet 1865, indiquait le » programme d'essais à faire pour simplifier et perfec- » tionner l'appareil de M. de Bergue, employé dès lors » sur le chemin de fer de l'Ouest. La solution à laquelle » nous sommes parvenu diffère essentiellement, quant au » principe et au mode de construction, du programme qui » nous était tracé. »

Ces communications d'une correspondance très-incomplète étaient accompagnées d'explications tendant à prouver que je m'étais approprié le fruit du travail de M. Ricour, et il est à noter que je n'avais jusqu'alors rien publié, et que les détails relatifs à l'historique de la contre-vapeur n'avaient été portés à la connaissance du public que par un mémoire de M. Ricour lui-même, publié dans le tome X, 6e série des *Annales des mines*.

J'avais préparé dès le 14 décembre une notice rectificative dont j'avais sollicité l'insertion dans les *Annales des ponts et chaussées*, à la suite du mémoire de M. Ricour; j'y combattais les prétentions qu'il produisait pour la seconde fois.

A la fin de janvier, la commission des *Annales* décida,

d'une part, que ma notice rectificative ne serait pas admise, d'autre part, que la note affirmative des prétentions de M. Ricour serait retranchée de son mémoire, et qu'enfin les extraits de correspondance qu'il avait demandé à y joindre seraient soumis à mon contrôle, et complétés au besoin si j'en faisais la demande.

Cette solution était commandée, au point de vue de la commission, par le désir d'éviter toute polémique sur le terrain des *Annales des ponts et chaussées*, mais elle ne me donnait pas satisfaction au point de vue des attaques extérieures que M. Ricour, sans provocation de ma part, avait dirigées contre moi. En déclarant que je me soumettrais à la décision de la commission, je m'étais expressément et officiellement réservé, « par toute autre voie que celle » des *Annales des ponts et chaussées*, de présenter à » mon point de vue l'exposé des origines de la contre- » vapeur ».

M. le ministre ayant bien voulu d'un autre côté me relever de l'obligation de déposer le rapport que j'avais préparé et m'autoriser à le publier à mes risques et périls, je l'ai réuni à la notice historique que j'avais eu d'abord l'intention de faire paraître séparément.

La publication de mon mémoire et des détails qu'il renferme était donc à la fois *nécessaire* et *régulière*.

Avant de faire faire le tirage de cette publication, je l'ai soumise au jugement de plusieurs personnes impartiales, connaissant les précédents de la question et mieux informées que je ne pouvais l'être moi-même de la nature et du caractère des attaques qui étaient dirigées contre moi; j'ai pu constater ainsi que j'avais atteint mon but, en mettant la vérité en relief, sans sortir des limites de modération que je m'étais imposées.

En réimprimant le mémoire publié dans les *Annales des ponts et chaussées*, M. Ricour y a joint une introduction et un appendice où il affirme et cherche pour la troisième fois à établir que je me suis borné à proposer l'étude de modifications au frein de M. de Bergue, et que l'idée et la mise en pratique de ce qu'il appelle le *tube d'inversion*, c'est-à-dire du système nouveau de marche à contre-vapeur, sont sa propriété exclusive.

Pour soutenir sa thèse, M. Ricour laisse de côté des faits nombreux et d'une importance considérable, tels que le renouvellement fréquent et varié de l'expérience d'Étampes, et les applications en grand qui en ont été la conséquence; — il maintient et cherche à propager, contrairement aux faits les plus évidents, son erreur fondamentale du passage de grandes quantités d'eau à l'état liquide dans les cylindres sans qu'il y ait vaporisation; — il introduit dans la discussion un nouveau document (lettre du 13 février 1867), qui n'a pas été publié antérieurement et qu'il ne publie pas en note, en appendice ou autrement, en omettant un alinéa nécessaire pour en fixer le sens; — il fait usage de deux lettres du 3 et du 14 mars, sans signaler au lecteur les observations que j'ai présentées au sujet de ces lettres, et qui limitent ou qui annulent leur importance dans le débat; — en même temps il passe entièrement sous silence une lettre officielle de M. des Orgeries, en date du 28 septembre 1865, qui se rattache de la façon la plus intime à mes instructions; — là où j'avais pris le soin d'expliquer l'origine d'une omission très-importante, celle de mots essentiels (*dans la chaudière*), pour qu'on ne la lui imputât pas, il affirme de sa propre autorité : que ces mots constituaient une erreur évidente, que la suppression en a été faite par moi, à titre de rectification dans un premier système de revendication, et que plus tard, en ayant besoin pour appuyer un nouveau système de revendication, je les ai rétablis, en les mettant sur le compte d'un expéditionnaire ; — enfin il compose des dessins et les arrange à sa guise pour donner à son argumentation les bases qui lui manquent.

Je me borne à ces quelques indications, et d'ailleurs il serait trop long de suivre pas à pas, pour la réfuter, l'argumentation de M. Ricour ; le résultat le plus clair d'une discussion de cette nature serait de fatiguer les lecteurs et de laisser la question incertaine pour ceux d'entre eux qui ne sont pas initiés à ses détails. Je ferai remarquer d'ailleurs que cette argumentation repose en grande partie sur des fragments d'une correspondance coupée par de longs intervalles, pendant lesquels j'ai plusieurs fois perdu de vue les instructions que j'avais fournies moi-même, de telle sorte que par oubli, et guidé d'ailleurs par un sentiment de bienveillance facile à constater, j'avais à diverses reprises attribué à M. Ricour des idées que j'avais produites antérieurement de la façon la plus nette. M. Ricour, aujourd'hui qu'il s'agit uniquement d'établir la part affective qui peut appartenir à chacun dans l'invention du nouveau système, s'applique à mettre au lieu et place des faits l'expression momentanée des illusions que sa manière personnelle de présenter les résultats obtenus m'avait faites à moi-même.

Je ne suivrai pas M. Ricour sur ce terrain, mais je reprendrai, sous une forme plus précise et plus complète, l'historique que j'ai déjà présenté dans ma précédente publication; j'ai recueilli de nouveaux renseignements, j'en produirai d'autres que j'avais omis à dessein, et enfin je ferai ressortir quelques points essentiels éclaircis par le silence même de M. Ricour, qui avait été mis expressément en demeure de s'expliquer à leur égard et qui ne l'a pas fait. — Il en résultera que M. Ricour, qui cherche aujourd'hui à dénaturer le sens de mes instructions, se les est assimilées, en les faisant passer pour siennes auprès de ses collaborateurs, et que finalement il n'a pas eu d'autre guide que ces instructions pour arriver aux résultats qu'il s'attribue et qu'il a voulu s'approprier matériellement par une prise de brevet.

On verra que le rôle attribué par M. Ricour à la théorie mécanique de la chaleur dans la conception des moyens, d'ailleurs extrêmement élémentaires, qui ont été mis en œuvre pour empêcher les cylindres de chauffer, est illusoire. En dehors de toute considération scientifique, et guidé seulement par l'étude des faits, j'avais proposé de rafraîchir l'intérieur des cylindres en y faisant pénétrer de la vapeur humide ou de l'eau. M. Ricour a d'abord repoussé ce dernier moyen, qui seul pouvait assurer le succès, il n'y a eu recours ensuite que sous l'empire de la nécessité, et par tâtonnements successifs que cette même nécessité lui a imposés; la théorie ne lui a jamais rien fait prévoir à l'avance, et tous les progrès qu'il a faits, sans atteindre le but, n'ont été que le palliatif de difficultés renaissantes.

La théorie mécanique de la chaleur est un instrument puissant, mais d'un usage difficile et quelquefois dangereux; M. Ricour en s'en servant, non pas pour ajouter quoi que ce soit aux moyens de résoudre le problème, mais uniquement pour résumer ou pour expliquer les faits observés, pour exposer la solution et en tirer des règles d'application, a perdu de vue des phénomènes de mécanique physique élémentaire, aussi connus qu'importants; il a, par suite, été entraîné dans une erreur fondamentale qui explique les difficultés pratiques dont il n'a jamais pu sortir entièrement.

M. Ricour a donné à cette erreur fondamentale, amplifiée dans son nouveau mémoire, et exagérée encore dans l'appendice qu'il y a ajouté, le nom pompeux de *secret de la solution*, et il refuse encore aujourd'hui de reconnaître cette erreur, avec laquelle tombe tout l'échafaudage de ses théories inexactes.

La solution du problème de la contre-vapeur, telle que les expériences que j'ai entreprises en dernier lieu, et les applications qui en ont été la conséquence la font actuellement, est revenue au point où elle aurait dû parvenir dès le premier jour; on peut en faire l'exposé avec une extrême simplicité, qui la met immédiatement à la portée des mécaniciens et supprime tout apprentissage de leur part. — Dans un premier chapitre je présenterai cet exposé en quelques lignes, et je m'appliquerai à faire ressortir les motifs qui doivent faire renoncer dans la généralité des cas à une addition systématique de vapeur à l'eau chaude dérivée de la chaudière. — La rédaction de mon premier mémoire a coïncidé avec les expériences que je faisais pour achever l'étude du programme primitif; maintenant qu'une application prolongée, sur une grande échelle, a sanctionné mes prévisions, je suis en mesure de présenter mes conclusions d'une manière plus affirmative.

Paris, le 15 juillet 1869.

# MARCHE

# A CONTRE-VAPEUR

# DES MACHINES LOCOMOTIVES

## CHAPITRE PREMIER

### EXPOSÉ DU SYSTÈME

#### § 1. — **Principe.**

Tout le monde sait que le *renversement de la vapeur*, manœuvre difficile et souvent dangereuse, consistait à changer le sens de la distribution, à placer le levier de changement de marche dans la position qui convient à la marche en arrière, tandis que la machine continuait à marcher en avant. — Dans le renversement de la vapeur proprement dit, tel que les mécaniciens le pratiquaient en cas de danger imminent, pour obtenir un arrêt très-prompt, le régulateur était ouvert en grand; la vapeur de la chaudière admise à contre-sens de la marche des pistons dans les cylindres, les remplissait, puis se trouvait refoulée aussitôt vers son point de départ, en mélange avec les gaz de la combustion aspirés dans la boîte à fumée.

Les effets bien connus de cette manœuvre étaient un rapide échauffement de la masse métallique des cylindres et de leurs accessoires, le grippement des pièces frottantes, la carbonisation des garnitures de presse-étoupes, la destruction des joints, et accessoirement une surélévation de pression dans la chaudière, qu'il eût été d'ailleurs facile de prévenir en desserrant les soupapes.

On remédie à tous ces inconvénients au moyen d'un artifice très-simple, consistant à faire pénétrer dans les cylindres, d'une manière permanente, une petite quantité d'eau chaude dérivée de la chaudière.

A cet effet, on établit une communication entre la chaudière et la base du tuyau d'échappement, au moyen d'un tuyau de petit diamètre, muni d'un robinet à la main du mécanicien.

Au moment où il doit renverser la vapeur, le mécanicien ouvre ce robinet; l'eau sortant de la chaudière, où elle était à haute pression et à haute température, entre en ébullition spontanée par suite de la brusque diminution de pression, et forme un mélange de vapeur et d'eau, *un brouillard aqueux,* contenant, en poids, de 85 à 90 pour 100 d'eau contre 15 à 10 pour 100 de vapeur, suivant la pression initiale.

Ce mélange est aspiré dans les cylindres, où il achève de se réduire en vapeur. La vaporisation atteint des proportions telles que la vapeur formée suffit à remplir les cylindres, et fournit en outre un excédant qui s'échappe par la cheminée sous forme de panache. — Si l'eau est injectée en excès, le panache devient volumineux et floconneux, et l'eau surabondante est entraînée.

La vaporisation produite dans les cylindres suffit, et bien au delà, pour les rafraîchir et pour absorber la chaleur dégagée par le fait même du travail à vapeur renversée.

Le mécanicien n'a d'autre précaution à prendre que de régler l'ouverture de son robinet de manière à obtenir un panache qui soit bien apparent, sans être trop fort ou accompagné d'une émission d'eau.

Une injection d'eau en très-grand excès n'a d'ailleurs pas d'inconvénient au point de vue des chances d'avarie, le mélange de vapeur et d'eau cessant au delà d'une certaine limite de pénétrer dans les cylindres et se trouvant rejeté à l'extérieur.

La solution est des plus élastiques.

L'origine du tuyau d'injection peut être à un point quelconque de la chaudière au-dessous du plan d'eau; mais il est évident que sa position naturelle est à l'arrière de la machine, sous la main du mécanicien, de manière que celui-ci n'ait pas à manœuvrer le robinet au moyen d'une tringle.

Le diamètre des tuyaux peut être très-variable; il faut qu'il ne soit ni trop petit ni trop grand; on trouve des diamètres de 20 à 40 millimètres, se réduisant jusqu'à 9 millimètres et demi dans la partie qui avoisine le robinet. J'estime, sans être encore en mesure de le démontrer, qu'un diamètre de 20 millimètres, à partir du robinet, sera généralement le plus convenable, *pour l'injection d'eau seule*. — La précaution essentielle, lorsque les cylindres sont extérieurs, et que le tuyau d'injection doit se bifurquer, est de faire une bifurcation bien symétrique.

Il y a intérêt, au point de vue des projections d'eau à l'extérieur, à rapprocher les points d'implantation de l'origine de l'échappement; mais ce n'est pas une condition nécessaire, les différences de position se traduisent par un peu plus ou un peu moins de soin à prendre par le mécanicien pour éviter des projections d'eau.

La forme des robinets peut être très-variable, j'en ai déjà compté cinq ou six types différents; le meilleur sera celui qui donnera la plus grande course du volant, ou du levier de commande, entre le zéro et le maximum de débit, qu'on peut fixer à 30 kilogrammes par minute. — Il convient de ménager des facilités de nettoyage ou d'injection supplémentaire pour les cas d'obstruction de l'orifice de prise d'eau.

Dans ces conditions, rien n'est plus simple que l'instruction à donner au mécanicien : *ouvrir le robinet au moment d'opérer le renversement de la vapeur; régler l'ouverture du robinet de manière à éviter une injection exagérée.*

Il n'y a jamais à craindre le chauffage et le grippement, parce que la quantité d'eau à vaporiser, pour absorber la chaleur due au travail de la vapeur renversée, n'est qu'une fraction de celle qu'il faut vaporiser pour le remplissage des cylindres, un tiers environ. — Par suite, les rentrées de gaz fixes, même en cas d'injection très-insuffisante, n'ont d'autre inconvénient que de faire souffler les soupapes, et de déranger les injecteurs-Giffard. — Cet inconvénient est nul lorsque l'alimentation en marche se fait avec une pompe; on peut même chercher le moyen d'économiser la dépense de combustible inhérente à la contre-vapeur avec panache de vapeur perdue, en se tenant très-près de la limite d'injection, et en risquant de produire des rentrées de gaz accidentelles, dont on se débarrasse avec le souffleur, ou en soulevant les soupapes, si la machine n'a pas de pompe.

### § 2. — **Lubrification des pièces frottantes.**

Mais il n'est pas démontré qu'il y ait intérêt à réduire la perte de vapeur; en effet, en augmentant le panache dans la limite des quantités d'eau qu'il est possible de faire pénétrer dans les cylindres, sans qu'elle soit rejetée à l'extérieur, on améliore les conditions de lubrification.

Supposons, par exemple, une machine dans des conditions d'admission, de vitesse et d'injection telle qu'il se vaporise dans ses cylindres 18 kilogrammes d'eau par minute, se décomposant ainsi : 6 kilogrammes pour absorber la chaleur équivalente au travail de résistance, fournissant jusqu'à due concurrence une partie de la vapeur de remplissage, 9 kilogrammes pour compléter ce remplissage exigeant en totalité 15 kilogrammes de vapeur, et 3 kilogrammes pour former le panache de vapeur ; les tiroirs, lumières, cylindres et pistons auront transmis ou cédé la quantité de chaleur nécessaire pour vaporiser 18 kilogrammes d'eau (plus exactement pour achever la vaporisation des 18 kilogrammes de brouillard aqueux, qui tiennent déjà 10 à 15 pour 100 de vapeur formée à la sortie de la chaudière). — Comme les cylindres restent dans un état moyen de température, cette dépense de chaleur devra trouver sa compensation ; cette compensation est obtenue ainsi : pour 6 kilogrammes, par la chaleur équivalente au travail de résistance, pour $9 + 3 = 12$ kilogrammes par une condensation équivalente de vapeur venue de la chaudière, se réduisant en eau qui fera retour avec la vapeur refoulée.

Les pièces frottantes auront été constamment placées, pendant le refoulement comme pendant l'aspiration, dans une atmosphère de vapeur chargée d'eau, par conséquent dans d'excellentes conditions de lubrification.

Suivant que le mécanicien augmentera ou diminuera l'injection, entre certaines limites, en vue d'avoir un panache plus ou moins fourni, il se produira plus ou moins de condensation du côté de la chaudière, et les conditions de lubrification seront plus ou moins améliorées.

La question est à l'étude sur le réseau d'Orléans où l'injection d'eau est seule pratiquée depuis le mois de février. — En attendant que cette question de plus ou de moins pour l'injection soit résolue, on laisse aux mécaniciens la faculté de la régler à leur guise ; ils sont intéressés d'une part aux économies de graissage et d'entretien, d'autre part aux économies de combustible, et ils ont accueilli avec faveur ce mode d'injection; ils en suivent donc les effets avec attention.

Jusqu'à présent leur disposition paraît être de se tenir dans un terme moyen. — Voici, en effet, ce que je relève dans une note du 29 juin 1869 émanant du service de la traction de ce réseau : « Les machinistes ne sont pas dans » l'usage de limiter le panache de vapeur qui sort de la » cheminée de manière à éviter la pluie, ni d'injecter l'eau » en excès de manière à obtenir le maximum de lubri- » faction. — Ils règlent l'injection de façon à obtenir une » pluie fine, mais sans arriver aux grosses gouttelettes que » donne le maximum de lubrifaction.. »

Il y a quelques mécaniciens qui marchent avec injection de 12 à 15 kilogrammes d'eau ; plus généralement, surtout avec les machines puissantes, ils arrivent à 20 ou 25 kilogrammes par minute.

## § 3. — **Injection d'eau et de vapeur.**

On peut remplacer une certaine quantité de l'eau injectée par de la vapeur prise dans la chaudière. — Toute quantité de vapeur, ainsi substituée à de l'eau, *à poids total égal,* diminue la proportion d'eau à vaporiser dans le cylindre, et par suite celle de la vapeur qui se condense du côté de la chaudière en rendant aqueuse la vapeur refoulée. — L'atmosphère dans laquelle baignent les pièces frottantes, soit du côté de l'aspiration, soit du côté du refoulement, est moins chargée d'eau, et la lubrification est moins parfaite.

Si la proportion de vapeur est peu considérable, le mal n'est pas grand et peut être racheté par quelques avantages accessoires, tels qu'une plus grande division de l'eau en suspension dans la vapeur, une plus grande facilité de règlement des injections; le mécanicien agit surtout dans ce cas sur le robinet de vapeur, lequel ne donne que de faibles variations de débit pour d'assez grandes variations d'ouverture de son orifice.

Dans le cas où la pression est très-basse, en hiver surtout, l'addition de la vapeur peut être nécessaire, pour éviter de faire couler de l'eau presque liquide dans un tuyau dont le diamètre se trouverait exagéré.

Il en sera de même pour les petites injections dans un tuyau dont le diamètre aurait été calculé de manière à pouvoir donner de grandes injections à la limite supérieure. — Pour arriver à la perfection, il faudrait un gros tuyau pour les fortes injections et un petit pour les faibles; on peut se dispenser du petit en faisant foisonner, au moyen d'une addition de vapeur, le mélange aqueux correspondant à de faibles débits.

Il peut convenir avant la mise en train de purger le tuyau d'injection et de le balayer par un courant de vapeur.

Il est certainement commode de faire intervenir momentanément la vapeur pour la mise en train ou pour l'arrêt, comme je l'ai expliqué dans mon premier mémoire.

Je suis donc bien loin de proscrire absolument l'emploi de la vapeur, et je recommande de mettre un robinet spécial de vapeur à la disposition du mécanicien ; — mais si l'on a recours à la vapeur, son usage doit être limité.

Il est, je crois, inutile de revenir sur les effets nuisibles d'une injection de vapeur exagérée, au point de vue de l'usure des pièces, du graissage, etc.

### § 4. — **Applications.**

L'injection d'eau sans vapeur est appliquée exclusivement sur le réseau d'Orléans depuis cinq mois, et n'a soulevé aucune objection ; à tous les degrés, le personnel de la traction s'en montre de plus en plus satisfait, au point de vue surtout des frottements, de l'usure des pièces et de l'entretien courant.

Le chemin de fer du Midi, après avoir constaté de la manière la plus nette les bons effets de l'injection d'eau seule, aurait dû, pour en faire l'application courante, modifier l'implantation de ses tuyaux qui a été faite en général à un point très-élevé sur la tuyère, et ses robinets dont le débit n'était pas assez modéré ; on a suspendu les essais à échappement ouvert et l'application de l'injection d'eau seule se poursuit dans le système de l'échappement fermé, imaginé par M. Laurent, ingénieur en chef de la Compagnie.

En Espagne, les renseignements qui me sont transmis par la direction, à la date du 1er juillet 1869, portent que l'emploi exclusif de l'eau est adopté en principe sur le chemin de fer du Nord. — Les chefs mécaniciens ont l'ordre d'y dresser les mécaniciens.

En Autriche, le service du Brenner, dont les pentes sont de 25 millimètres par mètre, se fait actuellement avec injection d'eau seule (1).

Un renseignement très-instructif, que je dois à l'obli-

(1) Voyez à l'appendice, n° 3°.

geance de M. Forquenot, ingénieur en chef du matériel du chemin de fer de Paris à Orléans, montrera comment la pratique répond, lorsqu'on la consulte sur les résultats obtenus. — C'est le rapport d'un chef machiniste, dans le service duquel se trouve comprise la section de Montluçon à Moulins (réseau d'Orléans), dont le profil comporte des pentes et contre-pentes de 15 millimètres.

« Orléans, 2 juillet 1869.

» M. Michelant, ingénieur chef du service actif.

» Pour descendre les pentes, l'injection de l'*eau seule* (1), » dans l'échappement pendant la marche renversée, pré- » sente plusieurs avantages sur l'injection *de la vapeur et* » *de l'eau.*

» Par l'injection de l'*eau seule*, la pression dans la chau- » dière *reste constante*, tandis qu'avec la vapeur et l'eau » l'aiguille du manomètre *vibre* souvent, le giffard se *dés-* » *amorce*, la pression tend à monter et elle monte réelle- » ment lorsque la vitesse est un peu grande.

» Avec l'injection de la *vapeur et de l'eau* on risque de » ne *pas* donner *assez d'eau ;* dans ce cas *il y a échauffe-* » *ment* des surfaces et grippage, la pression monte et les » joints partent. On avait d'ailleurs reconnu, à la suite de la » première pose non symétrique des tuyaux d'injection, » qu'on risquait le grippage des tiroir et cylindre qui rece- » vaient le moins d'eau.

» Par l'injection de l'eau seule, la machine travaille » comme dans les conditions de marche ordinaire ; on n'en- » tend jamais de chocs dans les fonds de cylindres, les sou- » papes de sûreté des cylindres ne s'ouvrent pas, les tiges

(1) Les mots en italiques sont soulignés dans l'original.

» de pistons et de tiroirs, ainsi que tout le mouvement de » distribution, restent dans les conditions de marche ordi- » naire. Je n'ai pas vu manquer un seul joint de plateaux » de cylindres ou tiroirs depuis l'emploi de l'eau seule.

» Je n'ai pas vu moi-même l'état des surfaces des tables » de distribution ou des cylindres des machines employant » la contre-vapeur avec injection d'eau, mais je n'ai jamais » entendu dire, ni par les chefs de dépôt, ni par les machi- » nistes, qu'il y avait des tables ou des joints de cylindres » qui avaient souffert.

» En résumé, outre que l'emploi de l'eau seule est *plus* » *simple* que l'emploi de la vapeur et de l'eau, il y a aussi » moins de risques d'échauffement et de grippage; les » organes de la machine fatiguent moins, la pression res- » tant sensiblement la même, il sort et il doit toujours sortir » par la cheminée (dans l'emploi de l'eau seule) un pa- » nache de vapeur bien humide, qui empêche l'absorption » des gaz chauds et des saletés de la cheminée.

» Votre tout dévoué,

» *Le chef machiniste*, WASSNER. »

Ce rapport est le premier arrivé parmi ceux que M. Forquenot, à ma prière, a bien voulu faire demander aux agents de son service ; je réunirai dans un appendice les autres documents de même nature que j'ai déjà reçus, et ceux que je recevrai encore (1).

Cette pièce est très-instructive. — Les détails relatifs à la constance de la température et de la pression dans la chaudière sont d'accord avec la cessation de tout accident de chauffage et de grippement des cylindres.

(1) Voyez à l'appendice les nos 1°, 2° et 4°.

### § 5. — Application nouvelle des injections de vapeur et d'eau dans l'échappement.

L'observation des effets remarquables de lubrification obtenus dans la marche à contre-vapeur, avec injection d'eau seule, a conduit les ingénieurs de la Compagnie d'Orléans à une application curieuse, qui n'est encore qu'à l'état d'essai, mais qui aboutira probablement à un résultat d'une certaine utilité pour la pratique.

Lorsqu'un convoi descend une pente, qui se trouve à la limite où la force accélératrice de la gravité fait équilibre aux résistances, le mécanicien tient son régulateur fermé, et place son levier de changement de marche à fond de course de la marche en avant. — L'expérience montre que dans ces conditions il y a usure notable des pièces frottantes, en particulier des segments de pistons, et l'on constate qu'il y a une élévation sensible de la température des cylindres.

Sans chercher à analyser en détail les effets très-complexes de compression, de dilatation, de soulèvement des tiroirs, etc., qui se produisent dans cette circonstance, on voit qu'il y a admission des gaz de la boîte à fumée pendant la période d'avance à l'échappement. — Si le régulateur ferme exactement la communication de la chaudière avec les cylindres, la vapeur qui remplit les tuyaux de prise de vapeur et les boîtes de tiroir disparaît rapidement, soit qu'elle se condense dans ces capacités, soit qu'en se mélangeant incessamment avec les gaz aspirés elle soit expulsée.

Les pistons et les tiroirs se meuvent dans une atmosphère sèche et chaude; les frottements donnent lieu à un dégagement de chaleur, qui s'ajoute à la chaleur produite par la compression à la fin de l'échappement. — Pendant la période d'admission et celle de détente, les gaz se dilatent, et il se fait un vide partiel, si toutefois le tiroir n'est pas soulevé par la pression atmosphérique qui s'exerce au-dessous dans la lumière d'échappement, et s'il n'est pas pourvu par cette voie indirecte au remplissage du cylindre; mais cette dilatation, à supposer qu'elle ait lieu, ne paraît pas être un élément de compensation au dégagement de chaleur qui s'est produit.

On peut améliorer cet état de choses en profitant du tuyau d'injection de la contre-vapeur pour changer la nature de l'atmosphère nuisible, dans laquelle se meuvent les pistons; il suffit pour cela de faire, au moyen de ce tuyau et des robinets qui le commandent, une injection de vapeur ou d'eau, ou mieux d'eau et de vapeur.

On peut avec la vapeur intercepter la rentrée des gaz de la combustion, avec l'eau lubrifier les pièces frottantes et absorber la chaleur dégagée par la compression.

L'expérience démontre qu'on est dans d'excellentes conditions de lubrification quand on injecte seulement de l'eau; mais celle-ci s'accumule dans les cylindres, et si les purgeurs n'étaient pas assez fréquemment ouverts, il pourrait se produire des avaries.

Si l'on injecte de la vapeur seule, les phénomènes d'échauffement et d'usure sont très-sensiblement atténués, mais la vapeur se surchauffe et les frottements se font encore à sec.

Les expériences en cours d'exécution apprendront ce qui convient le mieux; il est probable que ce sera une injection de vapeur avec une petite quantité d'eau, le mécanicien ayant d'ailleurs le soin d'ouvrir de temps en temps les purgeurs pour évacuer l'eau en excès s'il y a lieu.

## CHAPITRE II

### OBSERVATIONS SUR LE NOUVEAU MÉMOIRE DE M. RICOUR

L'analyse que j'ai déjà présentée du premier Mémoire de M. Ricour, publié dans le tome X des *Annales des mines*, 6ᵉ série, et les explications données dans le chapitre précédent, me dispenseront d'entrer dans de longs détails sur la nouvelle publication. Les principes sur lesquels s'appuie l'auteur restent les mêmes : remplissage du volume d'aspiration engendré par le piston au moyen de la vapeur envoyée de la chaudière, et addition d'eau restant en suspension dans la vapeur, jusqu'au moment où la période de compression commence, et où le dégagement de la chaleur à absorber va se produire par l'effet de la compression : la chaleur est absorbée à l'état naissant par l'eau même qui est arrivée de la chaudière, et qui a circulé sous le tiroir, dans les lumières d'admission, et séjourné dans le cylindre, sans se vaporiser. — *C'est le secret de la solution.*

Le mélange de vapeur et d'eau accomplit son circuit, en effectuant un voyage complet à travers le tube d'inversion, les tuyaux d'échappement, le cylindre et la chaudière ; l'eau est envoyée en excès plus ou moins grand, et la partie non vaporisée au moment où se produit le phénomène du briquet à air fait retour à la chaudière.

J'ai montré par des résultats d'expérience incontestables, d'une explication très-simple, que cette base, admise par M. Ricour pour sa théorie, était complétement inexacte, que l'eau ajoutée à la vapeur injectée se réduisait elle-même en vapeur dans les cylindres, et que, par suite, tous les calculs de remplissage des volumes d'aspiration, qui avaient servi à déduire les règles d'injection, étaient erronés. — J'ai fait voir en outre que M. Ricour avait pris un chiffre trop faible pour la capacité de l'espace nuisible, dont la mesure exacte était indispensable dans l'ordre d'idées où il s'était placé. — Ces deux causes d'erreur, en se combinant, ont jeté un voile épais sur les yeux de M. Ricour, qui est arrivé jusqu'au mois de mars 1869, sans se rendre encore un compte exact des effets que produit l'injection de l'eau dans les cylindres.

En effet, les mêmes erreurs subsistent dans le nouveau mémoire : l'espace libre est encore compté pour 4 litres, au lieu de 6 à 7 litres.

Le fait de la transformation en vapeur, pendant la période d'aspiration, de l'eau qui a pu pénétrer dans les cylindres, échappe encore à M. Ricour. — Pour la même machine type, à 6 roues accouplées de $1^m,30$, avec cylindres de $0^m,44$ de diamètre et de $0^m,600$ de course, avec admission de 50 pour 100 à pleine contre-pression, le volume d'aspiration est évalué à 50 litres par cylindrée, ou à 200 litres par tour de roues pour les 4 cylindrées, ce qui est à peu près deux fois trop considérable.

Dans l'ordre d'idées où M. Ricour se trouve placé, la quantité d'eau qu'il injecte, à raison de 15 kilogrammes par minute, ne contribuant pas au remplissage du cylindre, il devrait, *à son compte*, à la vitesse de 30 kilomètres à l'heure, injecter en même temps 15 kilogrammes de vapeur par minute, pour garnir le volume engendré et empêcher les rentrées de gaz.

Mais cette quantité si considérable de vapeur le gêne ; car l'expérience, ainsi qu'il le constate, démontre qu'elle serait surabondante même pour les plus grandes vitesses.

Il ne s'aperçoit pas qu'il y a une erreur du simple au double dans le calcul du volume d'aspiration, sans tenir compte de la vapeur à fournir par l'eau ; il trouve le *fait singulier*, mais il l'explique par une hypothèse entièrement contraire à la réalité, qu'il formule en ces termes :

« Ce fait singulier s'explique :

» La vapeur à la sortie du tube d'inversion se détend » sous la pression atmosphérique; le vide complet n'existe » jamais dans les cylindres, la vapeur s'y introduit en vertu » d'une faible différence de pression. Il lui faut une demi-» seconde environ pour remplir une cylindrée : or, à la » vitesse de 30 kilomètres à l'heure, la lumière ne reste » ouverte que pendant un quart de seconde, et le poids de » vapeur aspirée dans ce faible intervalle de temps ne dé-» passe pas la moitié du poids calculé.

» Qu'on double la vitesse de la marche, on diminue de » moitié la durée de chaque ouverture des lumières; la » vapeur introduite par cylindrée diminue sensiblement » dans le même rapport, et comme ce nombre de cylin-» drées par minute est doublé, le poids de vapeur aspirée » dans le même intervalle tend vers une valeur constante, » soit :

$$7^{\text{kil.}},50.$$

» moitié à peu près du maximum que le tube d'inversion » peut fournir. »

A cette quantité de 7 kilogrammes et demi de vapeur, ainsi déterminée, M. Ricour ajoute 15 kilogrammes d'eau, représentant, suivant lui, environ le double de ce qui est absolument nécessaire. — La machine, prise comme exemple, se trouve ainsi pourvue de ce qui lui est nécessaire, dans les limites de la vitesse qu'elle ne doit pas dépasser, soit 45 kilomètres à l'heure.

Les choses ainsi réglées, « au premier instant de tout ra-
» lentissement à produire, les deux robinets sont ouverts
» en grand, afin de remplir rapidement de vapeur très-
» humide les conduits de l'échappement. Le mécanicien
» déclanche aussitôt la petite bielle (qui rend les deux robi-
» nets solidaires) et met promptement l'écoulement de va-
» peur en rapport avec l'aspiration. »

M. Ricour signale les inconvénients de l'injection d'un excès de vapeur, qui détourne l'eau de sa destination et peut occasionner des élévations nuisibles de température. Il recommande de ne laisser qu'un petit excès de vapeur suffisant pour produire un léger panache intermittent au sommet de la cheminée.

Ces dernières recommandations, qui viennent comme développement de la règle d'injection fixe de 7 kilogrammes et demi de vapeur et 15 kilogrammes d'eau, montrent à quel point M. Ricour a méconnu le jeu des agents qu'il met en œuvre, et dont il fixe arbitrairement, comme conséquence de données inexactes, le rapport et les quantités intrinsèques.

En effet, s'il avait eu recours à l'expérience pour contrôler ses déductions théoriques, en mettant la machine à 6 roues accouplées qu'il a prise comme exemple, en circulation, à la vitesse de 30 kilomètres à l'heure, sur une pente et avec une charge telles que l'admission à contre-vapeur fût de 50 pour 100, il serait arrivé directement à l'injection d'eau seule et m'aurait dispensé d'achever l'étude qu'il a laissée incomplète.

Si l'on a recours au tableau de la distribution de la machine type, page 8 du premier mémoire de M. Ricour, on peut calculer le refoulement correspondant à 50 p. 100 d'admission.

| | |
|---|---|
| Et on le trouve égal à. . . . . . . . . . . | 133mm |
| En y ajoutant pour le retard du tiroir . . . | 25mm |
| Le refoulement effectif est de. . . . . . . . | 158mm |
| ou pour une section de 15 décimètres carrés. | 23 lit. 70 |
| La vapeur de l'espace libre fournit . . . . | 39 » 86 |
| On a donc un total de. . . . . . . . | 63 » 56 |

et le volume d'aspiration maximum égale 90 lit. — 63 lit. 56, soit 26 lit. 44.

A la vitesse de 30 kilomètres à l'heure, le nombre des tours de roues par minute est de 122,55 correspondant à 490 cylindrées, ou à une dépense de vapeur de 7 kilogr. 87.

Pour satisfaire à la condition de n'avoir qu'un léger panache intermittent, M. Ricour aurait été obligé de supprimer d'abord toute l'injection de vapeur, et de réduire ensuite la quantité d'eau de 15 kilogrammes à 8 kilogr. 5, ou 8 kilogrammes.

C'est une expérience qui peut se faire en moins d'une minute, et que j'ai eu l'occasion de faire d'une façon très-nette.

Ce qui ressort de plus clair du mémoire de M. Ricour, c'est qu'après être parti d'un rapport entre l'injection de vapeur et celle d'eau, qui, d'après son calcul théorique corrigé, devait être égal à (1). . . . . . . . . 275 : 100
en passant par. . . . . . . . . . . . . . . . 172 : 100
et par. . . . . . . . . . . . . . . . . . . . 100 : 100
il arrive à . . . . . . . . . . . . . . . . . 50 : 100
mais sans expliquer la transition.

(1) Voy. page 76 ci-après.

C'est ce dernier rapport que j'avais considéré d'après l'ensemble des faits connus comme convenant aux machines du chemin de fer du Nord de l'Espagne, dans le cas où l'on maintiendrait comme principe l'injection de vapeur, avec cette différence toutefois que, pour faire absorber 22 kilogr. 5 de vapeur et d'eau par minute, il faudrait arriver à la pleine admission et à une vitesse considérable, au lieu de s'en tenir à l'admission de 50 pour 100 et à une vitesse ordinaire.

Il est impossible que la lecture de mon mémoire n'ait pas éclairé M. Ricour; il est chargé du contrôle d'une partie du réseau de l'Ouest, sur lequel se trouve en service, depuis la fin d'avril, une machine à marchandises, qui n'a qu'un seul robinet d'injection d'eau, et la compagnie a mis à sa disposition, au lieu de sa résidence, pour les appliquer aux expériences qui lui sembleraient utiles, plusieurs machines pourvues d'appareils de contre-vapeur.

Mais dans l'appendice qu'il vient d'ajouter à son mémoire, après avoir reçu le mien, il ne tient aucun compte des faits nombreux que j'ai signalés, et qui mettent en évidence l'existence d'une vaporisation très-active de l'eau dans les cylindres; il attribue cette vaporisation, qu'il ne peut cependant pas nier absolument, à une cause imaginaire (1), en supposant qu'elle se produit « dans la

(1) Dans les expériences que j'ai citées et dans la plupart des applications qui ont eu lieu, l'injection du mélange aqueux est faite dans les lumières d'échappement, sous les tiroirs mêmes, en des points qui sont séparés de la tuyère par les branches de l'échappement, lesquelles sont en dehors de la boîte à fumée et au contact de l'air extérieur sur plus d'un mètre de longueur (voy. fig. 3 et 6 de la planche 189 du mémoire de M. Ricour); il ne passe dans ce que M. Ricour appelle la tuyère de l'échappement que la vapeur et l'eau rejetées à l'extérieur.

» tuyère de l'échappement, en brûlant au besoin quelques » kilogrammes de charbon de plus par kilomètre. »

Un des avantages qu'il est permis d'attribuer au système de l'injection d'eau, sans addition de vapeur, c'est de rendre le panache plus apparent, par suite de permettre de réduire le volume de la vapeur qui s'échappe par le tuyau d'échappement, et par conséquent de diminuer la vitesse et le tirage qui déterminent une plus grande activité de la combustion dans le foyer. Si l'on prend une machine marchant avec injection de vapeur et d'eau, dans des conditions telles que la proportion d'eau suffise à empêcher le grippement, le panache offrant à l'œil une apparence satisfaisante, on trouvera souvent, peut-être même généralement, que le robinet de vapeur peut être entièrement fermé sans qu'il y ait rentrée d'air ; le panache restera très-apparent, et l'on pourra même en outre, dans certains cas, réduire de beaucoup l'injection d'eau, sans provoquer davantage des rentrées d'air dans la chaudière. J'ai eu l'occasion, d'en faire l'expérience, au grand étonnement du mécanicien qui conduisait une machine sur laquelle je me trouvais, et qui usait de son appareil de contre-vapeur à double injection avec un soin particulier ; je n'imagine pas que la suppression de la totalité de l'injection de vapeur et de la moitié environ de l'injection d'eau ait entraîné une consommation supplémentaire de plusieurs kilogrammes de charbon par kilomètre (1).

M. Ricour s'attache tellement, aujourd'hui encore, à cette idée du passage de l'eau à l'état liquide dans les cylindres, à ce qu'il a appelé le *secret de la solution*, qu'il croit devoir reproduire un rapport rédigé par lui le 19 fé-

(1) Ce résultat est confirmé par les rapports du réseau d'Orléans, voyez à l'appendice n[os] 1° et 2°.

vrier 1867, dans lequel cette supposition est reproduite avec exagération. Ce rapport s'applique aux machines à 8 roues accouplées, pour lesquelles l'injection d'eau était évaluée, à cette époque, à 22 litres par minute; il contient le passage suivant : « Le volume d'eau dont la vaporisation empêche » l'élévation de température dans les cylindres ne dépasse » pas 5 à 6 litres : il reste donc un excédant d'environ » 16 litres d'eau par minute. Cet excédant d'eau ne pro- » duit aucun effet nuisible, et se trouve entraîné dans la » chaudière pendant la période de refoulement. On pour- » rait, je pense, augmenter encore l'admission d'eau sans » inconvénient. »

Les idées de M. Ricour sont donc bien arrêtées à ce sujet, mais il oublie, en reproduisant ce rapport, un détail essentiel, c'est que si, à une vitesse normale de 25 à 30 kilomètres à l'heure, et surtout avec la position qu'il avait adoptée pour l'implantation de ses tuyaux d'injection assez loin des cylindres, les mécaniciens avaient ajouté aux 7 kilogrammes et demi de vapeur actuellement prescrits par lui, 22 kilogrammes d'eau par minute, la moitié ou les deux tiers de cette eau auraient été projetés par la cheminée et auraient inondé la machine.

Le fait de la transformation en vapeur, dans les cylindres, de l'eau à 100 degrés, qui arrive de la chaudière à l'état de brouillard aqueux, d'émulsion plus ou moins parfaite, renverse toutes les considérations sur lesquelles M. Ricour a basé son mémoire de 1866, et qu'il a maintenues dans celui de 1869. Il résiste à la nécessité de reconnaître qu'un des éléments les plus essentiels de la question de la contre-vapeur lui a échappé. Il devient d'autant plus nécessaire de fixer l'attention sur ce fait, considéré comme nouveau par quelques personnes, mais qui n'est en réalité qu'une forme nouvelle d'un ensemble de faits connus.

Dans les machines à haute pression à détente, avec ou sans condensation, mais sans enveloppe de vapeur, il y a un jeu alternatif de condensation et de vaporisation, qui peut prendre des proportions très-importantes. L'eau qui est entraînée de la chaudière, et celle qui se précipite pendant la détente, se trouvent au moment de l'échappement, ou peu de temps après que l'échappement a commencé, à une température inférieure à celle de la masse métallique du cylindre, du piston et du tiroir; cette eau se réduit donc en proportion plus ou moins considérable en vapeur, dont la chaleur latente est empruntée au métal lui-même; s'il n'y avait pas restitution de chaleur, le cylindre irait constamment en se refroidissant, mais cette restitution se fait tout naturellement par la condensation d'une partie de la vapeur amenée de la chaudière, au début et pendant le cours de l'admission.

Si l'on entoure le cylindre d'une enveloppe dans laquelle on fait passer la vapeur arrivant de la chaudière, avant qu'elle pénètre sur le piston, les effets changent en se déplaçant. — L'eau entraînée se dépose en totalité ou en partie dans l'enveloppe; celle qui peut rester en mélange avec la vapeur, lorsqu'elle pénètre dans le cylindre, se réduit en vapeur au contact des parois extérieurement chauffées, pendant l'admission à la faveur de la petite différence entre la pression intérieure et extérieure, ou tout au moins pendant la détente; l'eau qui tend à se précipiter pendant la détente reste par le même effet à l'état de vapeur, ou se revaporise au fur et à mesure de sa condensation, de telle sorte que la vapeur envoyée au condenseur ou rejetée dans l'atmosphère est sèche. — Il n'y a plus alors vaporisation et refroidissement pendant la période d'échappement, et la vapeur cesse de se condenser à l'admission. — Il résulte de là une économie de vapeur, qui est la raison d'être des enveloppes, que l'on applique aujourd'hui à toutes les machines à détente et à condensation bien construites. — L'importance de ces effets devient considérable dans les machines à pression élevée, à condensation et à détente très-prolongée, même lorsque la vapeur n'entraîne pas d'eau de la chaudière ; au moment de la mise en train, il y a une condensation considérable sur les parois froides; le métal s'échauffe successivement, et l'on arrive à un moment où l'équilibre s'établit dans le jeu alternatif de vaporisation et de condensation, qui fait jouer à la masse métallique le rôle d'un *échangeur* de chaleur; ce jeu se continue indéfiniment si le cylindre n'est pas réchauffé par une source de chaleur extérieure.

Dans les machines à haute pression, à faible détente, sans condensation, l'effet produit est peu considérable, si la vapeur n'est pas surchargée d'eau liquide. — Il n'y aurait qu'un intérêt limité à mettre aux cylindres des locomotives des chemises de vapeur, où d'ailleurs l'eau entraînée ne s'arrêterait pas. — On doit même se demander si, pour des machines dont les organes marchent à de si grandes vitesses, et sous des pressions si considérables, l'eau d'entraînement et de condensation n'est pas nécessaire pour assurer une lubrification suffisante. Les effets favorables que l'expérience permet d'attribuer à la suppression de l'injection de vapeur, dans la marche à contre-vapeur, viennent à l'appui de cette opinion.

Des expériences faites en 1843 par M. Combes (*Comptes rendus des séances de l'Académie des sciences*, novembre 1843), expériences dont il avait bien voulu me confier l'exécution matérielle, concurremment avec **MM.** Rivot et Bertera, mettent tout à fait en relief l'importance de ces effets alternatifs de vaporisation et de condensation. — Ces expériences ont été faites sur une machine à vapeur, conduisant les métiers d'une filature de laine, dont le travail était très-régulier; elles ont d'ailleurs été conduites sans interruption. — La machine, construite par M. Farcot, avait une chemise de vapeur qui enveloppait tout le cylindre, moins le couvercle supérieur; elle pouvait être disposée pour travailler, à volonté, avec ou sans enveloppe, moyennant un changement de quelques pièces, qui pouvait s'effectuer pendant la nuit. Dans le dernier cas, l'enveloppe remplie d'air chaud faisait chemise pour prévenir le rayonnement extérieur.

La vapeur entraînait peu d'eau; la chaudière avait une grande surface de chauffe eu égard au travail à effectuer, et, malgré cela, le rendement en vapeur n'était que de $5^k,61$ à $5^k,66$ par kilogramme de houille, ce qui était le signe le plus certain d'un entraînement d'eau relativement très-faible, et de son peu de variation d'une série d'expériences à une autre.

Dans ces conditions, voici quels ont été les résultats obtenus :

| | *Avec enveloppe.* | | *Sans enveloppe.* | |
|---|---|---|---|---|
| Journées de travail...... | 4 | | 3 | |
| Heures................ | $43^h,15^m$ | | $33^h,30^m$ | |
| Houille totale consommée.. | $672^{kil},50$ | | $899^{kil},00$ | |
| Eau totale évaporée...... | 3804 | 00 | 5039 | 70 |
| Houille par heure........ | 15 | 55 | 26 | 83 |
| Eau — ........ | 87 | 75 | 150 | 64 |
| Eau par kilogr. de houille.. | 5 | 66 | 5 | 61 |

Dans la première série d'expériences, on a recueilli 8 à 10 pour 100 d'eau dans l'enveloppe. — L'eau de condensation, extraite directement d'un puits de 30 mètres de profondeur au moyen d'une pompe commandée par la machine, injectée par conséquent en quantité constante, avait une température beaucoup plus élevée, et l'air dans la chambre de la machine était beaucoup moins chaud, dans la deuxième série que dans la première.

Le travail de la machine étant sensiblement le même, la dépense en eau vaporisée avec circulation de vapeur dans l'enveloppe étant représentée par. . . . 100 0
elle s'est élevée avec l'enveloppe sans vapeur à 171 6

Il avait donc passé dans le cylindre, sans y produire d'effet, dans un état non apparent, environ 72 pour 100 du poids de la vapeur nécessaire au travail de la machine dans son état normal, et cela par des effets de condensation et de vaporisation alternatives, pendant les deux périodes opposées d'une révolution complète; le fait était d'ailleurs bien accusé par les diagrammes relevés avec l'indicateur de Watt.

La quantité de vapeur soumise à ce jeu de condensation et de vaporisation était de 150^kil,64 — 87^kil,75 = 62^kil,89 par heure, soit, pour la vitesse moyenne, de 32 tours 1/2 à la minute, 16^gr,12 par cylindrée.

Les effets qui se produisent pendant la marche à contre-vapeur sont analogues; lorsqu'on injecte de l'eau seule, cette eau renferme déjà 10 à 15 pour 100 de vapeur formée par vaporisation spontanée à la sortie de la chaudière; elle est à 100 degrés, et arrive tout d'abord dans la lumière d'échappement, sous un tiroir de fonte ou de bronze, dont l'épaisseur est de 10 à 12 millimètres, et qui est extérieurement en contact avec de la vapeur à 170 ou 175 degrés. Celle-ci n'a pas la température des gaz chauds d'un foyer, et son action n'est pas secondée par le rayonnement d'un combustible incandescent, mais c'est une vapeur, qui, par son changement d'état, peut céder instantanément une quantité de chaleur considérable, propriété que l'on met à profit dans beaucoup d'industries. Les parois latérales de la lumière d'échappement, chacune à son tour, mettent également l'eau en rapport avec la vapeur d'eau saturée qui vient de la chaudière pour y retourner avec un surcroît de pression et de température ; elle n'en est séparée que par une mince cloison métallique. — On comprend donc qu'il se produise là des effets de vaporisation très-active.

L'eau qui n'a pas été vaporisée dans la chambre de la lumière d'échappement passe, au moment de l'aspiration, dans la lumière, où elle se trouve en contact avec des surfaces métalliques qui viennent d'être réchauffées par la vapeur refoulée dans la chaudière; elle pénètre ensuite dans le cylindre, se trouve en contact avec ses parois et ses fonds, avec le piston, masses métalliques d'un poids considérable, qui viennent d'être elles-mêmes en contact avec la vapeur puisée et aussitôt refoulée dans la chaudière, et dont la température est au moins de 30 à 35 degrés supérieure à 100 degrés; le passage au point mort coïncide d'ailleurs avec l'aspiration et augmente le temps du contact.

Si l'on suppose le cas d'une locomotive marchant à contre-vapeur à 31 kilomètres à l'heure, avec roues de 1$^{m}$,40, et à laquelle il suffit de fournir 8 kilogrammes d'eau par minute, exemple relevé dans une de mes expériences sur le chemin de fer de l'Est, on trouve que le nombre de tours de roues est de 117,4, et le nombre de cylindrées de 469,6 par minute. Par suite, la vaporisation par cylindrée est égale à 17$^{gr}$,04, quantité tout à fait comparable à celle relevée sur la machine Farcot.

On comprend donc, sans recourir à une vaporisation *dans la tuyère d'échappement* avec grande dépense de charbon, comme M. Ricour cherche à le faire croire, qu'avec une injection d'eau limitée, on puisse satisfaire à toutes les données du problème, y compris le remplissage des cylindres et le panache au sommet de la cheminée. D'ailleurs il faut bien accepter les résultats d'une expérience prolongée, répétée dans les circonstances les plus diverses, montrant qu'on peut aller jusqu'à la suppression de toute évacuation notable de vapeur par la cheminée, sans déranger la marche des appareils Giffard, et sans faire souffler les soupapes, par conséquent sans rentrée d'air.

Y a-t-il dans ce cas, comparativement à une même dépense en poids de vapeur et d'eau mélangées, à une même perte de vapeur par la cheminée, de petites différences de consommation de chaleur interne ou externe ? Je ne me charge pas de le décider. Je me borne à exprimer l'opinion qu'en injectant de l'eau seule, toutes circonstances égales, il sera plus facile au mécanicien, si l'ouverture du robinet est convenablement graduée, de régler la déperdition de vapeur par la cheminée et de limiter pratiquement la perte de chaleur.

---

Les observations qui précèdent étaient déjà imprimées, lorsque j'ai eu connaissance d'une note présentée par M. Combes à l'Académie des sciences, dans sa séance du 28 juin 1869.

On trouve dans cette note une nouvelle démonstration de l'inadmissibilité du principe sur lequel M. Ricour a basé sa théorie et ses applications.

Ainsi qu'on l'a vu, M. Ricour suppose que, dans une machine marchant à contre-vapeur, avec une quantité de vapeur qui n'est pas déterminée, mais qui doit, conformément au principe posé, être suffisante pour remplir le volume d'aspiration, on peut injecter 22 litres d'eau, dont 6 seulement sont vaporisés par la transformation du travail en chaleur; les 16 litres en excès passent en nature dans le cylindre pour retourner dans la chaudière.

Dès qu'il est possible de faire passer 16 litres d'eau, sans vaporisation, dans les cylindres, on doit admettre qu'on pourra y faire passer toute autre quantité plus considérable, si l'on fait place à la vapeur qui accompagne cette eau, par suite de sa vaporisation partielle à la sortie de la chaudière, en réduisant d'autant la vapeur prise directement dans la chaudière pour le remplissage.

A la limite, toute injection directe de vapeur étant supprimée, le volume d'aspiration serait rempli au moyen du mélange aqueux sortant de la chaudière par le robinet d'eau, et ce mélange passerait dans les cylindres, en conservant son état, sauf les 6 kilogrammes à vaporiser pour absorber la chaleur équivalente.

C'est l'hypothèse dans laquelle M. Combes s'est placé, en traitant la question à un point de vue général — De l'analyse à laquelle il s'est livré, il résulte que, dans le cas d'une admission à contre-vapeur de 50 p. 100 de la course, pour fournir le volume aspiré dans les deux cylindres, au moment où ce volume atteint son maximum, il faudrait prendre dans la chaudière, pour le verser dans le tuyau d'échappement, un poids d'eau qui, exprimé en kilogrammes *par tour de roues motrices*, devrait être égal *à* 19 *fois* 1/2 à très-peu près *la capacité utile d'un des cylindres exprimée en mètres cubes;* de cette quantité d'eau, un peu moins des quatre cinquièmes reviendrait à la chaudière, à l'état de mélange d'eau et de vapeur; un peu plus du cinquième serait expulsé par la tuyère.

Si l'on ramène la dépense d'eau par tour de roues à la

dépense par minute, on arrive, pour une machine à roues de $1^{m},40$, dont les cylindres ont 100 litres de capacité, marchant à 50 p. 100 d'admission, à des vitesses de 31 et 35 kilomètres à l'heure, à des injections de 229 et 258 litres par minute.

Cette même machine, dans les expériences faites sur le chemin de fer de l'Est, entre Épernay et Reims, que j'ai rapportées dans mon premier mémoire, avait marché, *sans rentrée de gaz*, à des vitesses de 31 et 35 kilomètres, à 45 p. 100 d'admission, avec 8 kilogrammes d'eau par minute au lieu de 229, et à 52 $\frac{6}{10}$ p. 100 d'admission, avec 10 kilogrammes par minute au lieu de 258.

Les pentes de 30 millimètres du Cantal sont exploitées par des machines à 8 et même à 10 roues, qui consomment, à 50 et 60 p. 100 d'admission, 20 à 25 kilogrammes au maximum par minute.

Une hypothèse qui conduit à des résultats pareils n'est pas admissible, indépendamment de toute autre démonstration.

---

Les détails présentés par M. Ricour sur la comparaison des freins à vis avec la contre-vapeur et avec les freins automoteurs, donnent lieu à quelques observations d'un intérêt secondaire; je les présente dans une note *M* annexée à l'appendice.

## CHAPITRE III

### HISTORIQUE

Dans mon premier mémoire je me suis appliqué à présenter dans leur ordre chronologique, en détail, mais en donnant peu de place à la discussion, tous les faits relatifs aux origines de la contre-vapeur, telle qu'elle est aujourd'hui comprise et pratiquée.

Cette première publication, à laquelle se trouvent annexées, *in extenso*, toutes les pièces de correspondance, me permet de resserrer le débat ; le caractère de la polémique à laquelle M. Ricour s'est livré m'affranchit de la réserve que je m'étais imposée.

J'ai expliqué comment à une certaine époque j'avais perdu de vue une partie de mes propres instructions, et comment j'avais été amené à attribuer à M. Ricour, sur certains points, une initiative qui ne lui appartenait pas. Après avoir fait rectifier, en 1866, ses prétentions exclusives, une fois la contestation finie, j'étais rentré dans mes habitudes de service sans chercher à approfondir plus complétement ce qui s'était fait ou ce qui ne s'était pas fait en Espagne. Je m'appliquais à faire tourner au profit de M. Ricour la participation que les circonstances l'avaient amené à prendre à un travail important, et à maintenir à ce travail un caractère collectif ; au mois de septembre 1868, encore, lorsque je définissais dans une note la mission que M. le ministre voulait bien me confier, je restais dans les données de l'arbitrage de 1866, en disant : « Sur mon invitation, et suivant un programme que j'ai successivement » développé, les ingénieurs du chemin de fer du Nord de » l'Espagne ont fait une série d'essais qui ont abouti à un » système entièrement nouveau. » Je ne comptais à ce moment faire qu'un rapport purement technique, en renvoyant pour l'historique au mémoire de 1866.

C'est uniquement le retour agressif de M. Ricour qui m'a conduit à réunir tous les documents relatifs à la question, et à prendre connaissance des faits de détail que j'ignorais.

J'ai donc été amené, en 1869, à traiter plus complétement et plus exactement qu'en 1866 la question des origines et des développements successifs de la contre-vapeur. M. Ricour a conclu de là que j'avais eu successivement trois systèmes de revendication différents; je reprends la question avec espoir d'y porter un jour encore plus grand, au risque de voir qualifier mes nouvelles observations de quatrième système de revendication.

## § 1. — **Essais préliminaires.**

En écrivant le 28 juillet 1865 à M. des Orgeries, pour le prier de faire faire les essais qui ont produit le système actuel de marche à contre-vapeur, j'avais eu un double but: faire vérifier ce qu'on pouvait attendre du principe de M. de Bergue, consistant à comprimer et à rejeter dans l'atmosphère les gaz aspirés dans la boîte à fumée, et mettre à l'étude les moyens de tirer parti du système ordinaire de renversement de la vapeur. — En prévision de l'insuccès du système de Bergue, essayé au moyen d'une installation simple et provisoire, ou, au besoin, avec l'appareil même de cet inventeur, je posais déjà quelques jalons pour une étude ultérieure, en indiquant qu'on pourrait recourir à une combinaison qui ferait arriver à la base du tuyau d'échappement de la vapeur venant de la chaudière.

J'avais surtout insisté dans la discussion, devant le Comité du Midi, sur ce qu'il y avait d'irrationnel à créer de toutes pièces un appareil spécial, sans chercher à utiliser les éléments de la machine, et en réduisant la chaudière à l'état de support. —Ma pensée se trouve exprimée dans ce passage de ma lettre :

« Lorsqu'on a apporté au Comité du Midi le dessin de » cet appareil qu'on essaye avec succès sur le chemin de » fer de l'Ouest, j'ai prétendu qu'on n'avait jamais bien » défini les conséquences et les inconvénients de la contre- » vapeur, que c'était certainement un préjugé qui la faisait » redouter si généralement, et qu'il était regrettable que » les ingénieurs ne se fussent pas appliqués à constater la » cause des inconvénients et à y remédier, ce qui proba- » blement n'aurait pas été très-difficile, sans qu'il fût néces- » saire de mettre sur le dos des machines des mécaniques » comme celle qu'on nous présentait. »

Dans le système préliminaire, dont ma lettre recommandait l'application, le renversement ordinaire de la vapeur était pratiqué toutes les fois qu'il y avait une grande résistance à produire pour l'arrêt d'un train; la compression des gaz, avec évacuation extérieure, au moyen d'un robinet placé sur le régulateur ou sur l'un des tuyaux de prise de vapeur, sans appareil spécial, était utilisée pour les efforts moindres.

Les personnes qui avaient assisté à la discussion au Comité du Midi, et probablement aussi la plupart de celles qui ont trouvé ma lettre à l'état d'extrait ou de résumé, à la suite du mémoire de M. Ricour, dans les *Annales des mines*, ont bien saisi, dès l'origine, le lien qui existait pour moi entre les essais à faire et le système existant du renversement de la vapeur.— Tel a été en particulier le cas pour le rapporteur de la commission des inventions, qui s'exprimait ainsi le 21 juillet 1866 : « M. Le Chatelier ayant appris les essais » que M. de Bergue faisait sur le chemin de fer de Saint- » Germain pour adapter aux locomotives un organe qui » permît aux mécaniciens d'arrêter les trains sans l'emploi

» des freins ordinaires, *crût pouvoir arriver à une méthode* » *plus simple en apportant simplement diverses modifica-* » *tions au procédé ordinaire de la marche à contre-va-* » *peur.* »

M. Ricour était absent d'Espagne lorsque ma lettre du 28 juillet 1865 est arrivée à Madrid ; cette lettre fut aussitôt renvoyée par M. des Orgeries à M. Germon, qui s'empressa de préparer l'essai préliminaire que j'avais recommandé.

Cet essai a été fait par M. Germon les 28 et 30 août 1863. Les résultats en furent consignés dans une lettre préparée le 7 septembre à Valladolid, et envoyée à Madrid à M. Ricour, qui me l'adressa sous la date du 14, en la signant par délégation du directeur.

Après avoir constaté que, dans les deux voyages : « les » garnitures du tuyau de prise de vapeur et toutes les gar- » nitures des boîtes à étoupes, des tiges des pistons et des » tiroirs étaient brûlées », que : « les tiges des pistons et des » tiroirs paraissaient avoir été chauffées », M. Ricour arrive à cette conclusion assez singulière que le résultat des deux essais a été *satisfaisant;* il pense qu'il sera possible de remédier aux inconvénients de l'échauffement des cylindres et tiroirs et de la détérioration des garnitures des presse-étoupes « *en ménageant, si cela est nécessaire, une entrée* » *spéciale à l'air frais et en ayant recours à un mince jet* » *de vapeur* qui, introduit avec cet air dans les cylindres, » les lubrifierait et éviterait le grippement des pièces. »

M. Ricour qui, à défaut de bonnes raisons propres à frapper l'esprit de ses lecteurs, a cherché à agir sur leurs sens, a présenté une série de dessins qu'il donne comme la justification matérielle de ses prétentions.

L'un de ces dessins (fig. *b*) est intitulé : *Appareil de*

M. Le Chatelier, *tel qu'il est décrit dans le programme du* 28 *juillet* 1865 *et dans l'acte notarié du* 29 *août* 1865. — L'élément essentiel de ce dessin est un tuyau de vapeur CC, qui n'existait pas le 29 août, et qui, par suite, ne figure pas dans l'acte notarié de cette date; M. Ricour l'a tracé à sa guise, et sans ma participation, pour représenter *une de mes phrases*, à laquelle je n'avais pas annexé de croquis, et qui était conçue dans ces termes généraux : « *Peut-être » même faudra-t-il arriver à une combinaison qui fasse » entrer à la base du tuyau d'échappement* de l'air frais ou » *de la vapeur venant de la chaudière*, etc. »

Le second dessin (fig. *c*) est intitulé : « *Appareil de* » M. Le Chatelier, *tel qu'il est décrit dans la lettre du* » 14 *septembre* 1865 *de* M. Ricour, à laquelle répond directement la lettre du 19 septembre 1865 de M. Le Chatelier. » — La *description* du tuyau de vapeur CC, reproduit sur la fig. *c*, consiste uniquement dans cette phrase : « *et en ayant recours à un mince jet de vapeur* ».

Ce tuyau n'a été posé sur la machine d'expériences que postérieurement au 14 septembre, et aux termes d'une lettre de M. Ricour en date du 20 mai 1866, la disposition adoptée en premier lieu a consisté à *recourber le tuyau souffleur, de telle sorte que l'injection eût lieu de haut en bas*.

Dans les dessins annexés aux brevets de M. de Bergue, et dans l'application qu'il a faite, son petit tuyau de vapeur s'implantait *normalement* sur le couvercle de la boîte du tiroir, dans le trou du graisseur qu'il remplaçait, au lieu d'arriver *latéralement* comme l'indique la fig. *a*.

De ces trois tracés que M. Ricour a présentés pour tâcher d'établir une liaison entre l'appareil de M. de Bergue et mes instructions successives, le second et le dernier sont inexacts, et le premier est le résultat d'une hypothèse que

M. Ricour n'avait pas le droit de faire à lui tout seul pour traduire ma propre pensée. Cette production de dessins, combinés de manière à se superposer, n'est qu'un moyen artificiel de discussion.

### § 2. — **Programme des expériences définitives.**

Les expériences des 28 et 30 août, malgré la *satisfaction* qu'elles avaient inspirée à M. Ricour, montraient d'une façon surabondante qu'il n'y avait rien à faire avec le système de M. de Bergue, qu'il fallait entrer dans la voie qu'avait ouverte ma lettre du 28 juillet 1865, en cherchant à améliorer les conditions du mode ordinaire de renversement de la vapeur.

J'avais déjà indiqué, dans cette lettre du 28 juillet, le principe d'une injection de vapeur dans le tuyau d'échappement ; il n'y avait plus qu'à développer cette idée. — Tel a été l'objet de ma lettre du 19 septembre 1865, qui formait un programme complet.

Je supposais que la vapeur, qui serait envoyée de la chaudière à la base du tuyau d'échappement, y arriverait fortement chargée d'eau, par entraînement, comme on le voit dans le service ordinaire des machines locomotives et autres, et par un effet de condensation de la vapeur dû à son passage par l'orifice étranglé d'un robinet et à sa dilatation. — Une injection de vapeur était pour moi un moyen de faire pénétrer de l'eau dans les cylindres pour les rafraîchir. — J'espérais qu'il suffirait d'une injection partielle de vapeur, mais je prévoyais qu'il pourrait être nécessaire d'en injecter un excès pour exclure les gaz à l'aspiration.

J'allais même plus loin en prévoyant, dès ce moment, la possibilité de recourir à une injection d'eau.

Un des moyens auxquels on pouvait songer, dont j'avais indiqué le principe le 28 juillet 1865, consistait à faire entrer dans les cylindres de l'air extérieur à 20 ou 30 degrés, au lieu des gaz de la combustion dont la température excède 200 degrés. — Comme pour le renversement ordinaire de la vapeur, il y aurait eu l'inconvénient d'une accumulation de gaz non liquéfiables dans la chaudière; on y aurait pourvu en desserrant les soupapes, comme on le fait dans toutes les circonstances analogues. L'alimentation avec les appareils Giffard serait devenue impossible; on y aurait remédié en rétablissant, sur les machines qui n'en portent plus, la pompe alimentaire ordinaire. — Mais le problème à résoudre était d'empêcher les cylindres de chauffer et les pièces de gripper; il me parut qu'à ce point de vue, il ne fallait pas songer à l'air frais; mon programme écartait cette combinaison.

Ce programme du 19 septembre 1865, sauf une indication précise sur l'origine de l'eau à injecter, indication que M. Ricour m'a laissé le temps d'ajouter le 21 février 1866, était aussi complet que possible ; il comprenait même la disposition mécanique fort simple à employer : *un tuyau allant de chaudière à la base du tuyau d'échappement*, et un robinet à la main du mécanicien. — Il indiquait que les essais à faire s'appliquaient au renversement ordinaire de la vapeur, le *refoulement dans la chaudière* y étant explicitement et clairement spécifié, ce qui d'ailleurs n'aurait pas eu besoin d'être exprimé en présence des termes de ma lettre du 28 juillet 1865, et eu égard à la nature des moyens proposés.

Ce programme ne manquait pas de nouveauté, à un moment où les ingénieurs des compagnies françaises se préoccupaient du système de Bergue, qui a été l'objet d'essais sur le chemin du Nord et sur le chemin de l'Est, en même temps qu'à Saint-Germain, et où ils espéraient encore y trouver une solution efficace des difficultés de renversement de la vapeur.

Le programme complet résulte de trois lettres que je crois utile de reproduire, pour éviter au lecteur la peine de les rechercher.

### 1° M. Le Chatelier a M. des Orgeries.

Paris, le 19 septembre 1865

Mon cher camarade,

Je vous remercie des renseignements que vous me communiquez relativement à l'emploi de la compression de l'air pour la descente des rampes.

Je crois que l'idée de M. Ricour de faire intervenir la vapeur est très-bonne.

Il faudrait faire arriver à la base du tuyau d'échappement un tuyau fermé par un robinet à la main du mécanicien, de petit diamètre, dans lequel la vapeur, étranglée à la sortie de la chaudière, se dilatera, se refroidira et se condensera en partie.

Les pistons, en aspirant pour refouler ensuite dans la chaudière, trouveront dans le tuyau d'échappement un mélange d'air et de vapeur humide, qui probablement ne fera plus gripper les pièces.

La quantité de vapeur pourrait même être telle que l'air n'entrât plus dans les cylindres, et qu'il y eût constamment un échappement de vapeur par la cheminée. Ce serait une sorte de machine à vapeur inverse.

Mais il est probable que la solution pratique est dans un mélange auquel les mécaniciens se feront promptement la main.

Il serait difficile de faire rentrer de l'air frais ; il faudrait pour cela avoir un registre au bas de chacune des branches du tuyau d'échappement ;ces registres fermeraient habituellement mal, et le tirage pourrait se trouver sérieusement gêné. — D'ailleurs la compression de l'air frais déterminerait toujours une forte élévation de température dans les cylindres.

Au lieu de vapeur on pourrait peut-être lancer un petit jet d'eau qui, en frappant la paroi du tuyau d'échappement, se pulvériserait ; il faudrait que cette eau fût très-propre et ce serait une complication que de la prendre dans le tender.

En résumé, c'est une question à travailler et qui est en bonne voie.

Votre tout dévoué,

L. Le Chatelier.

2° *Lettre de* M. DES ORGERIES *à* M. RICOUR, *en date du* 28 *septembre* 1865.

Je vous prie de vouloir bien apporter le plus grand soin aux expériences que vous devez faire sur l'emploi de la contre-vapeur comme moyen de régulariser la vitesse des trains.

M. Le Chatelier a indiqué plusieurs solutions à étudier; vous avez vous-même proposé une modification au procédé primitif. Je désire que ces expériences soient continuées sans interruption et que vous me teniez au courant des résultats obtenus afin que je puisse les transmettre à M. Le Chatelier.

---

3° M. LE CHATELIER A M. DES ORGERIES.

Paris, le 21 février 1866.

Mon cher camarade,

J'ai l'honneur de vous accuser réception de votre lettre n° 2,089 du 17 courant.

Je crois dans ma correspondance antérieure vous avoir indiqué que c'était de *l'eau* ou de la vapeur qu'il faudrait prendre dans la chaudière pour rafraîchir les cylindres.

Je crois qu'un petit filet d'eau projeté par la pression avec violence et venant frapper une surface opposée produirait une sorte de brouillard aqueux qui serait plus efficace que la vapeur et qui économiserait la graisse et le combustible.

En tout cas je ne crois pas que le chiffre de 45 réaux que vous indiquez pour la dépense soit un obstacle à l'application. C'est en résumé 10 à 15 cent. par kilomètre à dépenser. Il reste à voir si la dépense d'entretien des bandages, lorsque l'on descend avec les freins, n'est pas plus importante que celle des consommations de la machine.

Votre tout dévoué camarade,

*L'ingénieur en chef délégué,*
L. LE CHATELIER.

---

La lettre de M. des Orgeries du 28 septembre 1865 complétait mon programme, en montrant aux yeux les moins clairvoyants ce qu'il ne m'avait pas paru nécessaire, ou ce que j'avais omis d'exprimer, qu'il s'agissait d'une étude distincte de l'essai préliminaire du système de Bergue. — Ma lettre du 19 septembre 1865 avait été transmise à M. Ricour, suivant l'habitude, en original, avec la mention : « *recommandé* ». — Par suite d'une dérogation à cette habitude, M. des Orgeries avait jugé nécessaire, à quatre ou cinq jours d'intervalle, d'appuyer sa recommandation par cette lettre officielle, conçue en termes très-formels, qui achèvent d'ôter à M. Ricour toute excuse pour la façon dont il a mené cette affaire.

En présence d'un semblable programme, un ingénieur de bonne volonté n'aurait pas eu besoin d'un temps bien long pour atteindre le but.

Il suffisait de poser un tuyau de 15, 20 ou 30 millimètres de diamètre, pour conduire de la vapeur dans le tuyau d'échappement et de disposer le robinet nécessaire pour le fermer à la portée du mécanicien, afin que celui-ci pût en régler le débit.

Étant donné un train en marche, à la descente d'une pente, on aurait ouvert ce robinet, renversé la vapeur, et observé les effets produits. — La vapeur en mélange n'aurait donné qu'une faible amélioration.

On aurait ensuite essayé l'effet de la vapeur en excès, après avoir changé le tuyau et le robinet, s'ils avaient été trop petits. L'amélioration aurait été beaucoup plus sensible, et le service serait devenu possible pour des charges ou des pentes modérées, ou pour de faibles parcours. — On aurait vu, comme cela a été constaté dans les essais tardifs de M. Ricour, que la vapeur, à son arrivée dans les cylindres, n'était pas chargée d'eau comme je l'avais supposé à tort.

En dernier lieu, dès après le 19 septembre 1865, malgré le défaut d'indication précise de ma lettre, ou tout au moins après le 21 février 1866, on aurait déplacé le tuyau pour en mettre l'origine au-dessous du plan d'eau, ou l'on aurait branché un petit tuyau sur le tuyau déjà posé, pour injecter un *petit filet d'eau* dans le tuyau d'échappement, et pour voir ce qui se passerait. — Entrerait-il dans les cylindres des gaz de la boîte à fumée avec l'eau, ou bien cette eau, se réduisant en vapeur dans les cylindres, ferait-elle obstacle aux rentrées de gaz? Il n'y avait même pas besoin de chercher à le prévoir, il suffisait d'essayer et de voir, — comme cela a eu lieu le 5 janvier 1869, lorsque j'ai fait une expérience en tenant fermé le robinet de vapeur et en ouvrant seulement le robinet d'eau.

L'ingénieur chargé des essais, ayant commencé par l'injection de vapeur, n'aurait pas eu d'ailleurs un grand effort d'imagination à faire, pour arriver graduellement à ce dernier terme de l'essai, en ajoutant d'abord de l'eau à la vapeur, puis en remplaçant successivement la vapeur par un surcroît d'eau.

Rien n'était plus facile que de faire cet essai; l'intervention personnelle de M. Ricour a donné une tout autre direction aux expériences, et entre ses mains la question s'est tellement compliquée, qu'il n'en était pas encore arrivé lui-même, en mars 1869, à se rendre un compte exact des effets qui se produisent.

Son premier acte, et c'est celui que je lui reproche le plus sérieusement, a été de mettre au secret mes instructions, qu'il n'a jamais communiquées à ses collaborateurs pendant le cours des essais, et qu'il s'est appropriées, vis-à-vis d'eux, en les faisant passer comme siennes et de plus en les dénaturant.

M. Ricour, que les circonstances avaient amené, sans préparation spéciale, à diriger un grand service de matériel, était complété dans ses fonctions par M. Germon, ingénieur, qui avait acquis déjà une longue expérience sur les chemins français, et que la compagnie avait engagé à son service pour y introduire un élément pratique. — M. Germon a pu remplacer purement et simplement M. Ricour, lorsque celui-ci a quitté le service de la Compagnie, sans être remplacé lui-même dans ses fonctions d'ingénieur ordinaire.

M. Ricour avait le droit en principe, mais il n'était pas excusable en fait, de garder pour lui seul une correspondance officielle, purement technique, que je lui adressais de Paris par la voie hiérarchique, relative à des expériences dont il laissait le soin à ses collaborateurs.

J'avais la preuve que M. Ricour n'avait pas communiqué officiellement mes lettres des 19 septembre 1865 et 21 février 1866 à M. Germon; j'avais voulu savoir s'il lui en avait au moins fait connaître verbalement, et d'une façon plus ou moins complète, le contenu, et pour cela j'avais fait appel à la loyauté de M. Germon, en réclamant de lui une déclaration écrite ; voici la réponse que j'en avais reçue, le 21 mars 1869, avant de terminer la publication de mon mémoire; je m'étais abstenu alors de faire connaître cette réponse ; je la publie maintenant pour achever de montrer comment les choses se sont passées :

Valladolid, 19 mars 1869.

Monsieur Le Chatelier, ingénieur en chef,

J'ai le bien vif regret de n'avoir pu répondre à votre lettre du 12 courant, aussitôt que je l'aurais voulu. De retour d'un voyage que je viens de faire pour recevoir des bois, je trouve votre lettre qui est arrivée ici dimanche dernier, je crois. Je m'empresse de vous envoyer la dépêche télégraphique que je vous ai adressée hier 18 courant.

M. Le Chatelier, ingénieur, — rue Madame, 33. Paris.

Retour de voyage, trouve votre lettre. Répondrai demain. Jamais vos lettres du 19 septembre 1865 et du 21 février 1866 n'ont été vues par moi. GERMON.

Je joins à cette lettre, comme vous me le demandez :

1° Le décalque de la lettre écrite de votre main à M. des Orgeries, le 19 septembre 1865.

2° La copie de votre lettre à M. des Orgeries du 21 février 1866.

Puis la copie de la lettre que j'écrivais le 7 mars 1869, à M. Noblemaire.

Comme j'avais l'honneur de vous le dire dans ma dépêche d'hier, jamais vos deux lettres n'ont été vues par moi, les copies que vous voulez bien m'adresser ne me rappellent rien, je ne les ai jamais eues entre les mains, ni officiellement, ni officieusement.

Si ma mémoire est fidèle, et je n'ai pas lieu de douter d'elle, M. Ricour ne m'a jamais fait lire, ne m'a jamais montré, soit dans son bureau, soit ailleurs, les originaux de ces lettres ; en un mot, je ne me rappelle en aucune façon, depuis le commencement jusqu'à la fin de mars, avoir eu, pour nous guider dans nos essais, autre chose que votre lettre originale du 28 juillet et les instructions verbales et écrites émanant personnellement de M. Ricour.

Ceci du reste n'est pas en dehors des coutumes du service : M. Ricour donnait souvent lui-même les instructions sur tout ce qui regardait le service, quelquefois il nous envoyait les originaux des lettres reçues, mais cela n'était pas une règle absolue.

Je crois, comme vous le supposez, que ces deux lettres, si elles nous avaient été communiquées, nous auraient éclairés plus rapidement sur les points véritables de la question.

Je regrette bien vivement d'être mêlé à cette affaire, et je déplore bien sincèrement le malentendu qui se produit; les bonnes relations qui n'ont jamais cessé d'exister entre moi et M. Ricour me rendent encore plus pénible cette intervention.

Quant à mon opinion personnelle, elle est celle-ci :

Après votre lettre du 28 juillet et avec les seules instructions de M. Ricour, ne connaissant pas vos lettres du 19 septembre et du 21 février, mon opinion était que M. Ricour avait une grosse part dans cette affaire, surtout au point de vue des dispositions mécaniques adoptées ; mais depuis que j'ai eu connaissance de vos lettres, je n'ai pas pensé un instant qu'on pût vous contester le mérite de l'invention.

Je vous serais obligé de me dire si ma lettre contient quelques lacunes, je m'empresserais alors de les combler.

J'ai l'honneur d'être, etc. *Signé :* GERMON.

Avant de terminer ce qui concerne le programme des expériences, je dois mentionner avec quelque détail un des moyens de discussion dont M. Ricour a fait usage.

Ma lettre du 19 septembre 1865, conformément à l'ordre d'idées qui m'avait servi de point de départ, portait en termes très-lisibles et très-intelligibles, la mention du *refoulement dans la chaudière*. Quelle que soit la confusion que la manière de faire de M. Ricour, les retards apportés par lui à l'expérimentation, l'infidélité de ma mémoire, etc., aient pu jeter à un certain moment dans mon esprit, au point de me faire attribuer à M. Ricour des choses que j'avais proposées moi-même, cela ne fait pas que les mots *dans la chaudière* n'aient pas été inscrits dans ma lettre, expliquant surabondamment sa portée. — Chaque fois que M. Ricour a revu cette lettre, qui n'est sortie de ses mains qu'à la fin de février 1869, ces mots lui frappaient les yeux.

Par suite d'une *erreur d'expéditionnaire*, au moment où ont été faits (en dehors de toute intervention de ma part) les extraits qui composent la note A, annexée au mémoire de M. Ricour, inséré dans les *Annales des mines*, ces mots essentiels : « *dans la chaudière* », avaient été omis sur la copie préparée à Paris et envoyée à Madrid.

Lorsque M. Ricour a engagé sa nouvelle campagne contre moi, à la fin de 1868, j'ai été frappé de cette omission, en relisant son mémoire, et j'en ai recherché et trouvé l'origine.

Par un sentiment que tout le monde comprendra, je n'ai pas voulu qu'une fausse interprétation de cet incident fût possible, et que cette omission pût être mise à la charge de M. Ricour, dont elle servait les prétentions ; j'ai donc inséré, en la rectifiant, la mention suivante, au bas de la page 156 de mon mémoire, *Notice historique* : « Par suite d'une « erreur d'un expéditionnaire du bureau de Paris, les mots

» *dans la chaudière*, essentiels pour l'intelligence de mes » instructions, ont été omis au quatrième alinéa dans la » publication du mémoire de M. Ricour. »

Voici l'usage que M. Ricour fait de cet incident, au moyen d'un renvoi au bas des pages 54 et 55 de son appendice :

« Une note au bas d'une page est quelquefois précieuse ; » voyez page 156 de la brochure.

» Dans sa nouvelle revendication, M. Le Chatelier base » en partie son argumentation sur ce que, dans sa lettre » du 19 septembre, il a reproduit, dans une phrase inci- » dente, les mots *dans la chaudière*, à propos d'un *mé-* » *lange d'air* et de vapeur, sans constater qu'ils s'y trouvent » par une erreur évidente, exactement comme dans son » programme du 28 juillet.

» Or, dans les extraits publiés à la suite du premier » mémoire de M. Ricour, extraits copiés postérieurement » au 5 mai 1866 sous les yeux de M. Le Chatelier, qui » voulait établir que c'était lui-même qui avait trouvé la » solution complète du problème, ces mots *dans la chau-* » *dière* ont été supprimés.

» *Dans le système de revendication alors développé par* » *M. Le Chatelier*, cette suppression était tout à fait ration- » nelle, — c'était une rectification sans grande impor- » tance. — M. Ricour était d'ailleurs persuadé que les ex- » traits à publier dont il avait reçu communication étaient » entièrement conformes au texte des originaux.

» Le lecteur sait que la note au bas de la page 156 de » la brochure attribue aujourd'hui cette suppression *à* » *une erreur d'un expéditionnaire du bureau de Paris*, et » déclare que ces mots, dont la suppression avait pu au » moins passer inaperçue en 1866, sont essentiels pour » l'intelligence des instructions de M. Le Chatelier; c'est ce

» que nous verrons dans le nouveau système de revendi-
» cation développé par M. Le Chatelier en 1869. »

M. Ricour déclare donc de son chef que, dans ma lettre du 19 septembre, ces mots *dans la chaudière* étaient le résultat d'une erreur évidente.

Il exprime ou insinue clairement qu'ils auraient été intentionnellement supprimés par moi en 1866, et que je les aurais rétablis en 1869 en les attribuant faussement à une erreur d'expéditionnaire dans l'intérêt d'un nouveau système de revendication.

Je laisse aux lecteurs le soin d'apprécier un pareil moyen de polémique; je le fais ressortir ici pour caractériser le système dans lequel M. Ricour est entré, et que je n'ai fait qu'esquisser dans l'introduction, mais dont on retrouvera encore d'autres exemples.

### § 3. — **Première série d'expériences. — Machine à vapeur inverse.**

On se rappellera que ma lettre du 19 septembre 1865 avait été transmise par le directeur à M. Ricour dès le 23 suivant, avec la mention « *recommandée* », et que le 28 M. des Orgeries insistait auprès de lui sur cette recommandation en ces termes : « Je vous prie de vouloir bien ap-
» porter le plus grand soin aux expériences que vous devez
» faire sur l'emploi de la contre-vapeur comme moyen de
» régulariser la vitesse des trains.

» M. Le Chatelier a indiqué *plusieurs solutions à étudier*,
» vous avez vous-même proposé *une modification au sys-*
» *tème primitif*. Je désire que ces expériences soient conti-
» nuées sans interruption, et que vous me teniez au
» courant des résultats obtenus, afin que je puisse les trans-
» mettre à M. Le Chatelier. »

C'est le 16 octobre seulement, dix-huit jours après avoir reçu cette lettre pressante et d'un caractère exceptionnel, que M. Ricour s'occupe de la question, et que fait-il ?

Le 16 octobre, sans lui laisser soupçonner que j'ai envoyé de nouvelles instructions à l'occasion de la contre-vapeur, et qu'il y a autre chose que ma lettre primitive du 28 juillet 1865 et le rapport du 14 septembre suivant, il écrit à M. Germon :

« Voulez-vous, je vous prie, me soumettre, le plus tôt » possible, un projet pour utiliser sans danger la con- » tre-vapeur à la descente des fortes rampes, *conformé- » ment aux indications de M. Le Chatelier*. Nous ferons l'essa » du projet que vous présenterez sur une machine, et nous » étudierons plus tard les perfectionnements. Mais consi- » dérez, je vous prie, ces premiers essais comme urgents. »

M. Germon, qui n'avait d'autre point de départ que la lettre du 28 juillet 1865, arrivée jusqu'à lui pendant que M. Ricour était encore absent d'Espagne, se conforme à l'ordre qui lui est donné, en projetant un système d'obturation de l'échappement et d'aspiration d'air frais.

M. Ricour continue à ne rien dire à M. Germon des indications qu'il a reçues de moi, et se les approprie pour faire la leçon à son collaborateur, une première fois verbalement, une seconde fois par une lettre de service conçue dans les termes suivants, que je crois utile de reproduire, parce qu'elle donne la clef de tout ce qui s'est passé jusque vers la fin de février 1866 :

M. RICOUR A M. GERMON.

Madrid, 27 octobre 1865.

Monsieur Germon,

Ainsi que je vous l'ai dit à l'inspection du dessin que vous m'avez mis sous les yeux, la disposition projetée pour introduire de l'air frais dans le tuyau d'échappement est beaucoup trop compliquée pour le but à atteindre.

Mon avis est que pour éviter la combustion des garnitures des boîtes à étoupes et le grippement des pièces, il est essentiel d'introduire dans les cylindres de l'air chargé de vapeur en plus ou moins grande quantité ou *mieux encore de la vapeur seulement.* Il me semble qu'une solution très-simple consisterait à faire déboucher un de nos tuyaux souffleurs à la base du tuyau d'échappement dans l'intérieur de ce tuyau. Le mécanicien manœuvrerait le robinet du souffleur de manière à maintenir un excès de vapeur dans le tuyau d'échappement. L'aspiration produite par les cylindres ferait entrer cette vapeur derrière les pistons, et l'on serait à l'abri des inconvénients que produit l'air chaud chargé de cendres : on monterait ainsi bien réellement à contre-vapeur, avec le régulateur fermé.

Cette vapeur, introduite par le tuyau d'échappement, traverserait les cylindres et serait refoulée dans le tuyau de frein de vapeur où *l'on réglerait la contre-pression de la soupape que vous avez installée sur ce tuyau de prise de vapeur.*

Je désire bien vivement que ces essais soient faits avec toute l'activité possible.

*L'ingénieur en chef. — Signé* Ricour.

M. Ricour, s'inspirant de mes indications primitives, avait proposé dans son rapport du 14 septembre de *ménager une entrée spéciale à l'air frais et de recourir à un mince jet de vapeur introduit avec cet air dans les cylindres.*

Il abandonne l'air frais que j'avais rejeté; il renonce à l'idée du *mince jet* de vapeur mêlé avec de l'air frais, pour introduire dans les cylindres les gaz de la boîte à fumée, *chargés de vapeur en plus ou moins grande quantité, ou mieux encore de la vapeur seulement.* Il s'approprie les indications de ma lettre du 19 septembre, moins le refoulement dans la chaudière et l'injection d'eau, et par la forme personnelle qu'il donne à sa correspondance, et par le secret dans lequel il tient la mienne, il laisse croire à M. Germon que c'est là le fruit de ses méditations. La déclaration de M. Germon, qui n'a d'ailleurs fait que confirmer ce qui était de notoriété dans la compagnie, ne permet aucun doute sur ce dernier point.

Mais dans cette substitution de ses instructions aux miennes, ainsi opérée, M. Ricour dénature d'une manière essentielle le programme qui lui avait été fourni ; il substitue au refoulement dans la chaudière, *même pour la vapeur seule*, le refoulement, sous le régulateur fermé, dans les tuyaux qui remplacent le réservoir de Bergue, et l'évacuation par la soupape de décharge dans l'atmosphère.

M. Germon adopte les mesures nécessaires pour reprendre les expériences sur les bases prescrites par l'ingénieur en chef ; ces expériences se font en novembre et en janvier, en dehors de toute participation personnelle de M. Ricour, autre que quelques communications dans le genre de la lettre suivante, écrite en réponse à l'envoi d'un rapport sur les résultats constatés :

« Madrid, 23 novembre 1865.

» Monsieur Germon,

» Je reçois à mon arrivée plusieurs rappels relatifs à l'emploi de la contre-pression comme frein. J'ai reçu la note intéressante de M. Proveux sur les nouveaux essais faits le 13 novembre. Mais rien ne m'indique si ces essais ont été faits avec le même appareil que le premier, ou si cet appareil a subi une modification quelconque. — Veuillez, je vous prie, presser votre étude et me soumettre, dans le plus bref délai, quelque chose de définitif.

» *L'ingénieur en chef. — Signé* Ricour. »

M. Ricour repassait à M. Germon les rappels qu'il recevait de M. des Orgeries, impatient de voir aboutir cette étude à laquelle il attachait un grand intérêt.

Enfin le 26 janvier 1866, un rapport adressé par M. Drouillard, inspecteur de la traction, à M. Germon, par les ordres duquel il avait repris la direction des essais, vient rendre compte des expériences qui avaient été faites en dernier lieu. La conclusion du rapport est libellée en ces termes :

« Tel qu'il est, cet appareil dépense trop de vapeur et par

» conséquent trop de combustible ; je crois qu'en étudiant cet » appareil on obtiendra de meilleurs résultats. »

Un projet de rapport à mon adresse est préparé par M. Germon, soumis par lui, le 12 février suivant, à l'approbation de M. Ricour, qui en corrige la rédaction, le signe par délégation du directeur et l'expédie sous la date du 17.

Je ne reviendrai pas sur les détails consignés dans ce rapport, je me bornerai à en rappeler les conclusions, motivées sur un excès de consommation de combustible et de matières de graissage, dont la dépense était évaluée à environ 45 R. V. ou 11 fr. 80 pour un parcours de 100 kilomètres environ :

« Cette dépense, qui serait à peu près la même dans la » descente des Pyrénées, est trop considérable pour qu'il y » ait avantage à appliquer *des appareils à vapeur* sur toutes » les machines circulant sur les deux profils accidentés de » la ligne, et à les faire fonctionner d'une manière courante » pour les substituer aux freins ordinaires ; *aussi devons-* » *nous chercher à éviter d'injecter dans les cylindres une* » *aussi forte quantité de vapeur*. Je fais continuer les expé- » riences dans ce but, et j'aurai l'honneur de vous faire » connaître les résultats. »

Le 14 septembre 1865, M. Ricour avait proposé de ménager au besoin une rentrée à l'air frais et de recourir à un mince jet de vapeur introduit avec l'air dans les cylindres.

Le 17 février 1866, après cinq mois révolus, la conclusion est qu'on va reprendre les essais en évitant d'injecter dans les cylindres une aussi forte quantité de vapeur.

Tout ce temps avait été perdu et l'on s'apprêtait à en perdre encore, lorsque l'arrivée à Madrid de ma lettre du 21 février, en réponse à ce rapport, six jours après son départ, c'est-à-dire le 23 février, amène un changement brusque dans la direction donnée aux essais.

Ma lettre du 21 février 1866 disait, en réponse à l'envoi du rapport :

« Je crois dans ma correspondance antérieure vous avoir » indiqué que c'était *de l'eau* ou de la vapeur qu'il faudrait » prendre dans la chaudière pour rafraîchir les cylindres. »

M. Ricour reçoit connaissance de cette lettre le 23, revoit ma lettre du 19 septembre précédent, s'aperçoit qu'il a fait fausse route ; ou bien il se décide à entrer enfin dans l'étude de mes combinaisons ou solutions, comme M. des Orgeries les a appelées, si c'est volontairement qu'il les a écartées pour s'en tenir aux modifications du frein à air comprimé de M. de Bergue.

Par un procédé tout à fait analogue à celui qu'il a suivi à l'origine, c'est-à-dire en s'abstenant de parler à M. Germon de mes instructions nouvelles et des anciennes qu'elles rappellent, il insère ce passage incident, ou de transition, dans une lettre qu'il écrit à cet ingénieur le même jour, 23 février, au sujet des freins automoteurs :

« Lorsque nos machines seront munies de l'appareil de » M. Le Chatelier, un seul frein sera nécessaire. Pour que » ce dernier appareil cesse d'occasionner une dépense sup- » plémentaire de combustible, il faudra laisser monter la » pression de manière à faire rentrer la vapeur dans la » chaudière au lieu de la laisser échapper à l'air libre. Nous » supprimerons à la fois le bruit et l'excès de dépense. »

Le lendemain samedi 24, M. Ricour s'empresse de faire une expérience, dans cet ordre d'idées, sur le chemin de fer de ceinture de Madrid, avec le régulateur fermé ; il reconnaît qu'il est indispensable d'ouvrir le régulateur.

Le lundi il part pour Valladolid, où il réunit ses chefs de service, toujours sans leur dire un mot de ma correspondance, et leur révèle comme siens propres les principes et les moyens d'exécution qu'il y a trouvés.

Le 27, il informe M. des Orgeries de son changement de front, par quelques lignes où il se pose comme l'auteur de la solution depuis si longtemps cherchée (1).

Enfin, le 1er mars, il rentre à Madrid, descendant le Guadarrama avec pleine injection de vapeur, le régulateur ouvert.

Dans une nouvelle période de six jours, ma combinaison d'injection de vapeur en excès dans le tuyau d'échappement, avec refoulement dans la chaudière, ce que j'avais appelé une sorte de *machine à vapeur inverse*, se trouve réalisée, sans que la moindre modification ait été faite aux instructions, d'ailleurs excessivement simples à comprendre et faciles à exécuter, que j'avais consignées dans ma lettre du 19 septembre 1865, *et à l'aide des appareils déjà existants et empruntés à ces mêmes instructions.*

(1) Extrait de la lettre de M. Ricour :

Valladolid, 27 février 1866.

Les essais de la contre-vapeur ME conduisent à une solution d'une simplicité extrême : J'AVAIS pensé d'abord que pour éviter l'introduction d'air sec dans les cylindres, il fallait, pour faire fonctionner l'appareil de M. Le Chatelier, produire un petit jet de vapeur dans le tuyau d'échappement : *M. Le Chatelier nous engage par sa dernière lettre à remplacer le jet de vapeur par un jet d'eau.* — JE SUIS conduit au contraire à remplacer le petit jet de vapeur par un jet plus abondant, à supprimer complètement l'appareil de M. Le Chatelier et à faire rentrer dans la chaudière une grande partie de la vapeur que JE FAIS écouler par le tuyau d'échappement. C'est une installation qui coûtera moins de 100 francs par machine et ne donnera lieu à aucune dépense supplémentaire de charbon ou d'huile. J'envoie M. Proveux faire l'essai dans les Pyrénées pendant que je le ferai dans le Guadarrama.

*Signé* TH. RICOUR.

Je n'hésite pas à affirmer que c'est uniquement dans ma lettre du 19 septembre 1865, rappelée le 21 février 1866, que M. Ricour a puisé toutes les indications qui lui ont permis d'arriver instantanément à ce premier résultat. — J'ai pour cela plusieurs raisons.

En premier lieu, il n'est pas admissible que, *en six jours*, M. Ricour, qui avait laissé s'écouler *cinq mois* sans prêter une attention sérieuse aux essais confiés à ses soins, recommandés et ordonnés, et qui concluait le 17 février à la réduction de la vapeur à mélanger avec l'air dans le frein à air comprimé, ait fait seul, et sans impulsion extérieure, ce retour en lui-même, et soit arrivé de plain-pied à la nouvelle combinaison.

En second lieu, les dispositions des locaux et les habitudes de service à la direction de Madrid, au témoignage de plusieurs personnes qui connaissent parfaitement les unes et les autres, ne permettaient pas d'admettre que ma lettre du 21 février n'eût pas été portée à la connaissance de M. Ricour dès le 23, et avant le départ du courrier pour Valladolid.

Mais ce n'étaient là que des preuves indirectes, et je m'étais abstenu d'en tirer aucune conclusion.—M. Ricour, mis expressément en demeure de s'expliquer sur cette coïncidence, a trouvé moyen de remplir cinquante-cinq pages de son introduction et de son appendice, sans fournir l'explication de ce fait, qui joue un rôle important dans la question en litige. — Il reste donc acquis au débat, par son silence même, que la lettre écrite le 23 par M. Ricour à M. Germon avait pour point de départ le rappel de mes instructions. — Et d'ailleurs, ce rappel n'eût-il pas été fait, M. Ricour avait sous la main, au secret, ma lettre du 19 septembre 1865, et le lien entre elle et le système nouveau dans lequel on allait entrer, ne saurait en aucun cas être contesté.

J'aurais même pu, dans ma lettre du 19 septembre 1865, ne pas parler du refoulement dans la chaudière, et dire seulement qu'on enverrait de la vapeur, partiellement ou en excès, à la base du tuyau d'échappement, sans indiquer ce qu'on devrait en faire, que la solution n'en était pas moins de mon fait. — L'expérience aurait immédiatement montré qu'il était absurde de marcher à pleine vapeur, évacuateur ouvert et régulateur fermé. — L'ouverture du régulateur, pour faire rentrer la vapeur dans la chaudière, au lieu de la perdre, n'eût été que la réparation d'une maladresse.

Mais M. Ricour, jusqu'au 24 février 1866, n'a pas suivi personnellement les expériences; il avait enfermé son personnel dans le cadre étroit tracé par lui le 27 octobre 1865, dont la mise à exécution ne paraît d'ailleurs lui avoir inspiré que de médiocres soucis.

C'est dans cette situation des choses que, signataire de la lettre du 17 février, il est venu inscrire dans l'appendice annexé à son mémoire actuel les passages suivants, sous le titre Tube d'inversion (1).

« L'examen réfléchi du problème à résoudre avait fait
» reconnaître à M. Ricour que la théorie mécanique de la
» chaleur rendait parfaitement compte des faits observés.
» Une fois la cause du mal bien connue, la solution du
» problème ne devait pas se faire attendre.

» Au lieu de poursuivre la recherche de palliatifs com-
» battant péniblement l'un après l'autre les deux inconvé-
» nients de la marche à contre-vapeur, M. Ricour, guidé
» par un principe nouveau, la transformation du travail en
» chaleur, suit un ordre d'idées entièrement étranger au

(1) Voyez à l'appendice la note L.

» programme de M. Le Chatelier : loin de considérer, » d'une part, la pression de la chaudière, et d'autre » part, la chaleur développée dans les cylindres, comme » des inconvénients, il y voit une source d'économie de » combustible, en même temps qu'il obtient un frein d'une » énergie ignorée jusque-là.

» Les moyens pratiques à mettre en œuvre n'ont pas » exigé de longs tâtonnements : il fallait abandonner l'ap- » pareil de M. Le Chatelier et lui faire recueillir, chemin » faisant, sous forme de *chaleur utile,* le travail de com- » pression qui avait produit jusqu'alors des *effets nui-* » *sibles*.

» Le 27 février 1866, M. Ricour se trouvait à Valla- » dolid et donnait les instructions nécessaires pour établir » un premier appareil qui n'était autre que le tube d'in- » version injectant dans l'échappement un mélange de va- » peur et d'eau. »

Et plus loin :

« En effet, c'est aussitôt après cette conférence que » M. Ricour annonce, le même jour, le 27 février, la » nouvelle solution basée sur la théorie mécanique de la » chaleur, mais sans mentionner la disposition spéciale à » adopter pour favoriser l'entraînement de l'eau. »

Il résulte de cet exposé que M. Ricour, qui, le 17 février, ne voyait d'autre ressource pour tirer quelque parti du frein de M. de Bergue, dont il avait fait exclusivement poursuivre l'essai, nonobstant les recommandations formelles de M. des Orgeries, que de réduire la proportion de vapeur qu'on ajoutait à l'air, pour dépenser moins de charbon, aurait eu, dans les six jours du 17 au 23, une sorte de révélation scientifique, qui lui aurait dévoilé tous les moyens à mettre en œuvre : tube d'inversion, substitution de la vapeur en excès aux gaz chauds, refoulement dans la chaudière et injection d'eau.

On a vu précédemment à quoi se réduit cette revendication. — Le 27 octobre 1865, M. Ricour avait, involontairement ou de parti pris, altéré mon programme du 19 septembre ; je prescrivais de refouler dans la chaudière et M. Ricour évacuait dans l'atmosphère. — Le 21 février, je rappelle ce programme, et M. Ricour, éclairé par ce rappel en revoyant dans ma lettre les mots « *pour refouler dans la chaudière* », ou prenant le parti de ne pas ajourner plus longtemps l'étude des solutions que j'avais indiquées, renonce à évacuer à l'extérieur pour refouler dans la chaudière.

C'est à un fait aussi simple, qui s'est produit dans des circonstances avouées par le silence de M. Ricour, que celui-ci vient aujourd'hui substituer des déductions de la théorie mécanique de la chaleur, l'examen réfléchi des données du problème à résoudre.

C'est au moment où M. Ricour rectifie la fausse route qu'il suivait, *en fermant une soupape et en ouvrant un tiroir*, et où il fait les premières expériences de la machine inverse, du circuit fermé ramenant la vapeur à son point de départ, sans ajouter une goupille à l'appareil dont on se servait, en conservant tel qu'il existait le tuyau de communication établi entre le réservoir de vapeur et la base du tuyau d'échappement, qu'il vient prétendre à l'invention du tube d'inversion, comme principe et comme mode de construction.—Jusqu'au 20 mars, ce tuyau de communication continue à partir de la boîte du régulateur pour aboutir à la base du tuyau d'échappement; le 8 mars, M. Ricour, sans en changer la place, fait porter le diamètre du robinet à 30 millimètres, et celui du tube à 45 millimètres ; c'est le 20 mars seulement qu'on change la position du robinet pour la rendre plus commode, et pour éviter de percer un nouveau trou à la chaudière en utilisant un des robinets réchauffeurs. — C'est là ce que M. Ricour appelle avoir inventé le mode de construction du tube d'inversion, dont le principe lui aurait été imposé par les plus savantes déductions de la théorie, dans les six jours écoulés du 17 au 23 février.

Je dirai plus loin ce qu'il faut penser de la question d'injection d'eau avec la vapeur, que M. Ricour rattache également à la date du 27 février 1866.

Les notions théoriques sur l'équivalence de la chaleur et du travail mécanique n'ont fait leur apparition que postérieurement au 27 février, et seulement à titre d'explication générale ou de définition des faits observés; dans sa lettre du 8 mars, M. Ricour disait que la vapeur, dans son circuit, absorbait en réalité tout le travail correspondant à la compression qu'elle avait subie dans les cylindres, de sorte qu'elle revenait au point de départ à une température plus élevée; que le travail de la pesanteur sur les pentes serait en quelque sorte utilisé pour combattre, dans une certaine mesure, les diverses causes de refroidissement de la chaudière. — C'était plus ou moins correct comme exposé, mais de là à faire croire que c'est l'étude réfléchie de la théorie mécanique de la chaleur, et non pas mon rappel du 21, arrivé le 23, qui a fait écrire par M. Ricour à M. Germon que, désormais, il faudrait refouler la vapeur dans la chaudière, et qui l'a conduit dès le lendemain sur le chemin de ceinture pour faire un premier essai, il y a une grande distance, et M. Ricour ne fournit, pour la combler, aucune justification de ses prétentions actuelles. — Si quelques déductions scientifiques avaient aidé au changement de front qui s'est opéré le 23 février, M. Ricour n'aurait pas négligé l'occasion de me le dire le 8 mars et de l'écrire à M. des Orgeries le

27 février. Dans cette première lettre, il se borne à dire : « *Les essais* de la contre-vapeur *me* conduisent..... »

Dans une situation pareille à celle que M. Ricour a spontanément créée en m'attaquant, on ne hasarde pas des assertions comme celles qu'il produit aujourd'hui, sans en donner la preuve. — Cette preuve n'est pas fournie, et je démontre au contraire, par des faits et par des rapprochements sans contestation possible, que M. Ricour s'est borné purement et simplement, le 27 février, à compléter les emprunts qu'il avait déjà faits à mon programme du 19 septembre 1865.

Et d'ailleurs je ferai remarquer que, alors même que des études savantes auraient porté le jour dans l'esprit de M. Ricour, dans le court intervalle du 17 au 23 février, et auraient été seules à lui montrer qu'il faisait fausse route en perdant la vapeur dans l'atmosphère, et qu'il fallait la refouler dans la chaudière, cela n'empêcherait pas le programme arrêté le 27 février 1866, et les expériences faites jusques et y compris celles du 17 mars, d'être la reproduction identique, avec l'appareil depuis longtemps établi sur mes prescriptions, de la partie de mon programme du 19 septembre 1865, caractérisée par le nom de *machine à vapeur inverse*.

Mais M. Ricour n'est même pas autorisé à se présenter comme réinventeur.

### § 4. — **Deuxième série d'expériences. — Injection d'eau.**

La division que je fais en deux séries d'expériences est destinée à faciliter les explications que j'ai à présenter; mais elle est au fond arbitraire. — Il n'y a eu en réalité, à partir du 19 septembre 1865, qu'un programme et qu'une série d'expériences, avec un retard de cinq mois, jusqu'au moment où ce programme a commencé à être sérieusement appliqué.

L'expérience du 1er mars, pleine injection de vapeur, régulateur ouvert, a été répétée plusieurs fois avec de la vapeur prise *sur la boîte du régulateur* et, par suite, sèche ou chargée seulement d'une faible quantité d'eau entraînée; elle a été répétée en particulier le 17 mars, en présence de M. Ricour. — Il avait été constaté ainsi que, lorsqu'on marchait à pleine admission, l'échauffement des cylindres était rapide et considérable, et que, dans ces conditions, les garnitures se brûlaient rapidement.

M. Ricour jugea dès lors nécessaire de modifier l'installation primitive de manière à injecter dans le tuyau d'échappement de la vapeur très-humide. Il adopta en même temps une simplification consistant à prendre l'un des robinets réchauffeurs comme point de départ.

Les 22 et 24 mars, M. Ricour fait entreprendre de nouvelles expériences, en faisant arriver *un petit filet d'eau* dans le tuyau de prise de vapeur; l'injection est évaluée à 10 à 15 grammes par cylindrée, ce qui aurait représenté 6 à 9 kilogrammes d'eau par minute, à la vitesse de 35 à 36 kilomètres à l'heure, pour un train de voyageurs de douze voitures. — La quantité de vapeur n'a pas été indiquée et n'avait probablement pas été mesurée. — Le rapport du 26 mars de M. Ricour constate qu'aucune pièce de la machine n'a chauffé, qu'aucune garniture n'a fui, que les boîtes des tiroirs et les tiges n'étaient pas plus chaudes lorsque la marche des tiroirs était renversée que lorsqu'elle était directe.

Si les choses se sont bien réellement passées de cette façon, et s'il n'y a pas malentendu sur la portée des mots employés pour constater l'état des pièces, c'était un succès complet, qui malheureusement ne s'est pas consolidé dans l'application, comme on le verra plus tard. — Ce qui est à examiner maintenant, c'est comment le résultat annoncé a été obtenu.

Le 19 septembre 1865, j'avais posé le principe de l'injection d'eau, principe certainement bien nouveau, et qui, vérification faite dans ces derniers temps, comprend à lui seul toute la solution du problème de la contre-vapeur ; le 21 février 1866, grâce au temps perdu par M. Ricour en essais inutiles, j'avais pu en compléter l'énoncé en indiquant que c'était dans la chaudière qu'il fallait prendre l'eau nécessaire pour rafraîchir les cylindres ; j'avais exprimé la pensée que l'eau devait être préférée à la vapeur, indiqué qu'elle se présenterait sous une forme favorable à sa pénétration dans les cylindres, et même noté les avantages qu'elle offrirait au point de vue de la lubrification. — Il ne restait plus qu'à faire l'expérience pour voir quel serait l'effet produit.

Je rappelle d'ailleurs que cette injection d'eau dans l'échappement, comme l'injection totale ou partielle de vapeur, c'est-à-dire les trois termes de l'expérience à faire, se rapportaient au renversement de la vapeur avec *refoulement dans la chaudière*, et non pas au frein à air comprimé de M. de Bergue, comme M. Ricour cherche à l'établir.

La question d'une injection d'eau était donc bien posée par moi quand M. Ricour est allé le 26 février à Valladolid, et il le constate en écrivant le lendemain à M. des Orgeries : « *M. Le Chatelier nous engage par sa dernière lettre à remplacer le jet de vapeur par un jet d'eau.* »

Mais en posant à son tour cette question, devant ses collaborateurs, qu'il avait réunis pour leur faire connaître le principe des expériences à entreprendre et pour en arrêter le programme, M. Ricour s'abstient de leur dire que c'est moi qui ai indiqué cette combinaison dès le 19 septembre 1865, et que je viens de la rappeler avec insistance.

M. Germon, qui se croit en présence d'une idée personnelle de M. Ricour, la combat vivement. Voici le résumé de ses observations dressé par M. Ricour lui-même, qui me l'a transmis le 20 mai 1866, à l'occasion d'une discussion de priorité soulevée par M. Bourson :

« Voici textuellement, écrit M. Ricour, la réponse verbale que m'a donnée M. Germon à ce sujet : « *Si M. Bourson*
» *prétend m'avoir proposé le 24 février d'injecter dans le*
» *tuyau d'échappement de la vapeur et un mince filet d'eau,*
» *je puis assurer que cela n'est pas exact, c'est l'idée relative*
» *à l'injection de l'eau qui condamne M. Bourson, car j'ai*
» *le souvenir très-net que c'est dans les explications que*
» *vous avez données à Valladolid que j'ai entendu émettre*
» *pour la première fois l'idée d'injecter de l'eau ; je me*
» *rappelle très-bien d'avoir combattu cette idée, et si deux*
» *jours auparavant M. Bourson m'en avait parlé, je m'en*
» *serais bien certainement souvenu.* »

« J'ai relu à M. Germon, ajoute M. Ricour, sa réponse et il m'a dit qu'il n'y a pas un mot à y changer. »

Il est donc bien constant que la question *d'injection d'eau* a été posée par M. Ricour dans la conférence de Valladolid, et qu'il l'a laissée discuter et repousser par ses collaborateurs, sans en faire connaître l'origine. — En *soulignant* ce qu'il dit de ma proposition, dans sa lettre personnelle du 27 à M. des Orgeries, il n'a eu évidemment d'autre but que de la présenter comme une idée qu'il trouve absurde et à laquelle on ne pouvait pas s'arrêter.

Si M. Germon avait su que la proposition émanait de

moi, et que je la rappelais avec insistance à cinq mois d'intervalle, il n'aurait certainement pas condamné si sommairement cette idée, et en tout cas sa responsabilité en cas d'insuccès ou d'avaries dans une expérience eût été couverte.

M. Ricour déclare aujourd'hui, dans son appendice, que les instructions qu'il donnait à Valladolid le 27 février s'appliquaient à un appareil qui n'était autre « que le tube d'in- » version injectant dans l'échappement un mélange de » vapeur et d'eau », et il présente cette combinaison comme étant aussi le fruit de ses études sur la théorie mécanique de la chaleur. Il s'exprime ainsi : — « Les collaborateurs de » M. Ricour étaient des hommes pratiques, dont l'opinion » à ses yeux avait une grande valeur ; mais aucun d'eux » n'était au courant des principes de la théorie mécanique » de la chaleur. — Au lieu d'injecter directement de l'eau » dans le tube de prise de vapeur, il fut convenu qu'on » établirait au bas du dôme une prise de vapeur suivant la » paroi, de manière à recueillir de la vapeur très-humide. » Les collaborateurs de M. Ricour étaient convaincus que, » par cette disposition, l'entraînement de l'eau serait telle- » ment considérable que les purgeurs devraient être fré- » quemment ouverts, et que des coups d'eau pourraient se » produire dans les cylindres. M. Ricour se réservait de » vérifier par l'expérience si effectivement l'entraînement » d'eau était aussi grand que ses collaborateurs le pensaient.»

Rien ne justifie cette assertion présentée pour la première fois à trois ans d'intervalle. — Ni la lettre de M. Ricour du 27 février, ni la déclaration de M. Germon au sujet de l'injection d'eau qu'il a repoussée ne peuvent lui donner racine. — Elle est au contraire détruite par des documents contemporains émanant de M. Ricour.

Le 8 mars, M. Ricour, invité à donner des renseignements plus complets que ceux contenus dans la lettre du 27 février, entre dans des détails théoriques précis pour l'explication des faits observés. — La vapeur absorbe dans les cylindres le travail de la compression, elle revient au point de départ *à une température plus élevée ;* on empêche l'*élévation de température* dans la chaudière en en faisant sortir plus de vapeur que les cylindres n'en peuvent aspirer. — Le robinet de prise de vapeur, *que M. Ricour fait monter* pour augmenter le débit, est ajusté sur la *boîte du régulateur* (système Crampton), c'est-à-dire sur un appareil *combiné pour éviter l'entraînement de l'eau par la vapeur.*

C'est le 20 mars seulement que M. Ricour, après un parcours en contre-vapeur à fond de course, constate qu'il y a échauffement des cylindres, et arrive à reconnaître la nécessité de rendre la vapeur très-humide. — Si l'idée de prendre la vapeur suivant la paroi, pour l'obtenir très-humide, a été émise avant l'établissement d'un tuyau spécial pour l'injection d'eau, c'est à cette époque du 20 mars et non à la conférence de Valladolid qu'elle se rapporte.

En effet, le 16 juin 1866, M. Ricour discutant les motifs qui lui ont fait revendiquer l'invention de la contre-vapeur, indique d'une manière précise par quels tâtonnnements il a passé ; — « j'établis dans mon rapport, dit-il, d'une » manière détaillée en rappelant des chiffres d'expériences » incontestables, que la vapeur d'eau en se dilatant dans les » conditions où elle traverse le tube d'inversion, loin de se » condenser par l'effet de la dilatation, devient au contraire » plus sèche. — *J'ai été conduit après deux expériences à* » *rendre la vapeur humide par un jet d'eau spécial, après* » *avoir vu la vapeur sortir très-sèche par des fuites aux* » *boîtes de tiroir.* »

Le seul document relatif à la nécessité de rendre la vapeur humide, que j'aie trouvé dans l'intervalle du 27 février au 20 mars, est une note de M. Bourson, dont la date est du 14 mars 1866, qui a été transmise à Madrid à une époque qui n'a pas été fixée par les recherches faites à ma demande, que je cite purement et simplement sans en tirer de conclusion. — L'auteur de cette note donne le détail des avaries éprouvées par une machine à huit roues accouplées, n° 520, qui a été mise en expérience le 10 mars, sans que le régulateur fût ouvert. — Il fait à cette occasion les réflexions suivantes :

« La vapeur introduite par le tuyau d'échappement étant » prise au dôme de la chaudière où la vapeur est sèche » devait passer promptement à l'état de vapeur surchauffée, » et vers la fin de la course des pistons, lorsque la communication du cylindre et du tuyau de vapeur est coupée par » le tiroir, et que la compression a lieu seulement dans les » cylindres, le piston devait éprouver une résistance considérable et agir comme un briquet à air. Aussi les garnitures de chanvre étaient-elles carbonisées et se sont enflammées au contact de l'air.

« Je crois qu'il serait plus simple de faire fonctionner » l'appareil comme je vous l'avais proposé. — Envoyer un » *jet de vapeur aqueuse* au bas du tuyau d'échappement (à » la culotte), ou encore un très-mince filet d'eau qui se » réduirait immédiatement en vapeur par la brusque diminution de pression à laquelle elle serait réduite. — Cette » vapeur à l'état globulaire serait introduite dans les cylindres et lubrifierait en partie les pièces. L'entraînement de » l'air n'aurait je crois pas lieu, puisque la vapeur arriverait » en quantité suffisante et avec une vitesse plus grande ou » égale à celle du piston. »

Cette note est intéressante, parce qu'elle précise, un peu plus exactement que je ne l'avais fait le 19 septembre 1865 et le 21 février 1866, sous quelle forme l'eau chaude sortant de la chaudière devait se présenter à l'aspiration des cylindres. M. Bourson, en écrivant ces lignes, n'avait pas eu connaissance, pas plus que M. Germon, des instructions que j'avais fournies pour les expériences; il n'avait pas assisté à la conférence de Valladolid.

Cette note mise à part et en dehors de la discussion, il reste constant, ainsi que je l'avais établi déjà dans mon mémoire, que l'addition d'une certaine quantité d'eau à la vapeur a été le résultat d'un tâtonnement; l'intervention de l'eau, repoussée à Valladolid, condamnée le 27 février par M. Ricour, n'a pas été inspirée par la théorie mécanique de la chaleur, mais par la nécessité de ne pas mettre le feu aux garnitures. M. Ricour m'a encore emprunté cette combinaison, mais sans en comprendre tous les effets. (Voy. note P.)

En 1866, M. Ricour ne parlait pas autant de la théorie mécanique de la chaleur; mais il voyait un principe nécessaire dans un mélange systématique de la vapeur et de l'eau; il se déclarait inventeur, à mon exclusion, parce que j'avais dit de la vapeur *ou* de l'eau. Aujourd'hui qu'il est évident que l'injection d'eau est la solution à la fois rationnelle et pratique, la vapeur n'étant jamais indispensable, et n'ayant qu'un rôle d'utilité accessoire et dans des cas particuliers, il cherche d'autres considérations à l'appui de ses prétentions.

Mais, à supposer même que la théorie produite par M. Ricour, qui prescrivait l'injection d'une quantité de vapeur, correspondant pour une partie au volume d'aspiration, fournissant pour le reste le volume excédant qui doit sortir par la cheminée, en panache, afin de servir de garantie contre les introductions de gaz; qui prescrivait en outre d'ajouter à cette vapeur de l'eau pour absorber sous forme de chaleur le travail mécanique, et admettait que l'excédant de cette eau, quelle qu'en fût la quantité, passait sous les tiroirs, dans les lumières, et dans les cylindres, sans subir l'action de la chaleur, sans se réduire en vapeur; à supposer, dis-je, que cet échafaudage subsiste encore, et qu'il n'eût jamais été fait d'expériences sur l'injection de l'eau seule, M. Ricour serait-il fondé à émettre les prétentions exclusives qu'il produit pour la troisième fois, avec une opiniâtreté croissante?

Évidemment non. M. Ricour n'aurait fait, une fois la machine inverse constituée, qu'une modification au programme qu'il avait mission d'étudier; on lui disait vapeur ou eau; il a combiné ces deux agents dans une solution intermédiaire, n'impliquant aucun principe nouveau, aucune disposition mécanique nouvelle.

Sur la question du choix des éléments simples ou mélangés à faire intervenir, M. Ricour a prononcé lui-même sa condamnation par son nouveau mémoire, lorsqu'il a fixé à 50 de vapeur contre 100 d'eau, la proportion de mélange de vapeur et d'eau. Parti des rapports théoriques, dont la moyenne est, pour les crans de la distribution 6, 9 et 12, qui sont les plus usuels. . Vapeur 350, Eau 100, il est arrivé de tâtonnements en tâtonnements, à poser, dans son nouveau mémoire, le rapport. . Vapeur 50, Eau 100. Après avoir réduit ses injections de vapeur dans le rapport de 7 : 1, il ne peut plus sérieusement maintenir les prétentions qu'il avait formulées au moment de la rédaction de son premier mémoire, même en faisant abstraction de cette circonstance que la théorie qu'il faut substituer à la sienne, pour tenir compte des faits d'expérience et d'application, donne pour rapport . . . . . . . . Vapeur 0, Eau 100.

Avec les prétentions de M. Ricour à une invention quelconque dans cette dernière phase des expériences, tombe même le mérite d'exécutant, qu'on lui a souvent attribué, que j'ai été moi-même, trompé longtemps par des renseignements peu exacts, l'un des premiers à lui attribuer. Personne n'admettra que, dans une question aussi simple que la contre-vapeur, une fois le principe donné, une série de tâtonnements incessants et malheureux puisse constituer une exécution digne d'éloges.

Pour compléter les renseignements que j'ai déjà donnés à ce sujet, je reprendrai l'historique des applications en Espagne, complété à l'aide de renseignements nouveaux, ou volontairement omis. Cet historique sera l'objet du paragraphe suivant, dans lequel j'examinerai, en outre, de quelle façon M. Ricour a rendu compte, soit à la compagnie dont il était l'agent, soit au public, des résultats qu'il obtenait (1).

## § 5. — Application en Espagne, — Rapports de M. Ricour.

Les expériences des 20 et 24 mars 1866 ont été faites sur un train de voyageurs, composé de 12 wagons, ainsi que l'indique M. Ricour dans son nouveau mémoire, qui complète à cet égard les renseignements consignés dans le rapport primitif du 26 mars 1866.

L'injection d'eau a été de 10 à 15 grammes par cylindrée, soit 6 à 9 kilogrammes par minute pour une vitesse de 35 à 36 kilomètres à l'heure. — Selon le cran où le mécanicien plaçait le levier, il ouvrait plus ou moins le robinet réchauffeur (celui par lequel se faisait l'injection

(1) A cette phase des expériences se rattachent des observations que j'ai à présenter, relativement à trois lettres, en date des 3, 12 et 14 mars ; je les renvoie, pour abréger l'exposé des faits; à une note N, comprise dans l'appendice.

de vapeur) *de manière à ne pas perdre un excès de vapeur; le robinet d'eau était ouvert à pleine section.* — Cette manière d'opérer était très-bonne, et avec une évacuation modérée de vapeur par la cheminée, l'injection totale (vapeur et eau) étant maintenue à 10 ou 12 kilogrammes, c'est-à-dire la vapeur étant en proportion très-notablement inférieure à celle de l'eau, on aurait été dans d'excellentes conditions de marche. — C'était l'injection d'eau que j'avais recommandée, avec addition d'une quantité modérée de vapeur. — Les machines du *Nord de l'Espagne,* trois roues couplées, à 35 kilomètres à l'heure, avec un train de douze voitures, pourraient marcher avec de telles injections à un cran assez élevé et satisfaire à toutes les conditions d'une application suffisante de la contre-vapeur ; avec 50 0/0 d'admission, c'est-à-dire au sixième cran, on aurait pu marcher même avec 9 kilogrammes d'eau seulement.

Si l'application avait été faite dans ces conditions, sans parti pris, les deux robinets indépendants, l'excès d'évacuation par la cheminée modéré, l'eau largement injectée, on aurait marché d'une façon très-satisfaisante, et l'on serait très-probablement arrivé à n'injecter que de l'eau, ou tout au moins à n'y ajouter qu'une faible quantité de vapeur. — On serait en tous cas arrivé à un résultat suffisant.

Mais la théorie mécanique de la chaleur est intervenue et a tout gâté. — Elle a enseigné à M. Ricour les proportions d'eau et de vapeur qu'il fallait envoyer dans les cylindres : la vapeur, pour remplir le volume d'aspiration et fournir le panache, l'eau pour accompagner la vapeur, pour affronter, en restant intacte, les surfaces des tiroirs et des cloisons de lumières baignées extérieurement par de la vapeur saturée à haute température, la masse considérable et chaude des cylindres, et enfin pour attendre le moment critique de l'effet de briquet à air, où elle devait former *déversoir* et réaliser le *secret de la solution*.

Les proportions de vapeur et d'eau étant bien fixées, M. Ricour en a imposé la stricte observation par la liaison systématique des deux robinets au moyen d'une bielle, non susceptible de déclenchement. — Enfin il a laissé, sans s'en apercevoir à aucune époque, monter des tuyaux de bifurcation non symétriques, ce qui devait rendre encore plus défectueuses les combinaisons adoptées.

Il faut remonter à l'*original* du rapport de M. Ricour. 24 avril 1866, pour voir exactement ce qui s'est passé.

Les *proportions théoriques* de vapeur et d'eau fixées par M. Ricour, qui ont été d'ailleurs maintenues dans le mémoire, tel qu'il a été inséré aux *Annales des mines* 1866, étaient les suivantes, la comparaison étant faite entre les poids respectivement *pris dans la chaudière pour l'injection :*

| Numéro des crans. | Injections par cylindrée. | | Rapport. | |
|---|---|---|---|---|
| | Vapeur. | Eau. | Vapeur. | Eau. |
| | gr. | gr. | | |
| 3 | 27,94 | 3,89 | 718 | 100 |
| 6 | 29,15 | 7,52 | 387 | 100 |
| 9 | 30,45 | 9,04 | 336 | 100 |
| 12 | 32,39 | 9,88 | 328 | 100 |
| **Moyenne des trois derniers crans (1)** | | | **350** | **100** |

M. Ricour faisait subir à ces résultats théoriques une correction pratique dans les termes suivants :

« Il convient, dans la pratique, d'augmenter *un peu* la » proportion d'eau et de la porter à 50 0/0 de vapeur,

(1) Pour prendre une moyenne, j'écarte le 3e cran, qui donne un rapport excessif, et je prends les 6e, 9e et 12e qui sont plus usuels.

» bien que le calcul n'indique que 43,5 au maximum.

Cette correction, d'un cinquième en moins sur la vapeur, était une sage précaution. — On verra plus loin ce que M. Ricour en a fait en remaniant, au mois de novembre suivant, les épreuves des *Annales des mines*.

Le mémoire de M. Ricour donne la proportion entre les quantités totales d'eau (injectée et entraînée par la vapeur) et celles de vapeur sèche (eau entraînée déduite) ; mais le tableau des poids théoriques fournit les éléments nécessaires pour ramener les calculs à la proportion d'eau et de vapeur injectées, ce qui est plus conforme aux habitudes et à l'application, puisque c'est entre les *débits* respectifs des deux robinets que la comparaison s'établit ; c'est sous cette forme que le tableau ci-dessus a été dressé.

On obtient, conformément à la correction indiquée, pour le tableau des *injections pratiques :*

| Numéro des crans. | Injections par cylindrée. | | Rapport. | |
|---|---|---|---|---|
| | Vapeur. gr. | Eau. gr. | Vapeur. | Eau. |
| 3 | 27,94 | 10,16 | (1) 275 | 100 |
| 6 | 29,15 | 10,60 | | |
| 9 | 30,45 | 11,07 | | |
| 12 | 32,39 | 11,78 | | |

Je rappelle en passant que, sans avoir expliqué, dans aucune des trois parties de sa nouvelle publication, les motifs de la transition, M. Ricour prescrit aujourd'hui . . . . . . . . . . . . . . . Vapeur 50, Eau 100.

(1) Voici le calcul pour le cran n° 9. — La quantité de vapeur sèche, déduction faite de l'eau d'entraînement qui lui est associée, est 27gr,68. La quantité d'eau totale dans le mélange doit être $\frac{1}{2}$ (27gr,68) = 13 gr,84. Il faut en déduire l'eau que la vapeur apporte, soit 2gr,77, et il reste pour l'eau à injecter 13gr,84 — 2gr,77 = 11gr,07. — La quantité totale de vapeur, prise dans la chaudière par le robinet de vapeur, est 30gr,45 ; on a donc pour le rapport des injections $\frac{30,45}{11,07} = 2,75$. — Ce rapport est constant.

Pour se rendre compte de ce que M. Ricour a fait, ce ne sont pas les quantités intrinsèques qu'il faut examiner, mais la proportion des mélanges. Si l'on remplit un volume d'aspiration donné avec un mélange dont le débit représente 10 kilogrammes par minute, on ne fera pas entrer plus de vapeur et plus d'eau dans le cylindre en injectant une quantité double du même mélange ; le supplément sera rejeté à l'extérieur. Si au contraire on change la proportion du mélange, en y augmentant la quantité d'eau et réduisant d'autant celle de vapeur, à poids égal on fera entrer plus d'eau dans les cylindres ; l'absorption de la chaleur dégagée et la lubrification des pièces seront mieux assurées. C'est donc par la mesure des proportions respectives d'eau et de vapeur, qu'on peut suivre les pas successifs de M. Ricour.

La règle pratique qu'il avait posée, comme conclusion de sa théorie, était donc une injection de 275 de vapeur contre 100 d'eau. Voyons ce qu'il a fait dans l'application.

Dans un rapport du 16 juillet 1866, M. Ricour indique comment il a réglé les injections, au moyen de deux robinets rendus solidaires par une bielle fixe, non susceptible de déclenchement. Déduction faite des réductions que les fluides, écoulés dans le même tuyau, apportent à leurs débits réciproques, on obtient les chiffres suivants pour le débit des robinets :

| Numéros des divisions. | Injections réduites par minute. | | | Rapport | |
|---|---|---|---|---|---|
| | Vapeur. | Eau. | Total. | Vapeur. | Eau. |
| | kil. | kil. | kil. | | |
| 1 | 1,63 | 1,40 | 3,03 | 116 | 100 |
| 2 | 5,35 | 3,25 | 8,60 | 164 | 100 |
| 3 | 9,30 | 5,68 | 14,88 | 166 | 100 |
| 4 | 12,11 | 6,74 | 18,75 | 179 | 100 |
| 5 | 12,56 | 6,97 | 19,53 | 180 | 100 |
| **Moyenne des quatre dernières divisions (1)** | | | | **172** | **100** |

(1) La première division peut être considérée comme n'ayant pas d'application dans le service.

On trouve là une première et importante dérogation à la règle pratique des injections, dont la proportion fixe est abaissée, de 275 de vapeur contre 100 d'eau, à un rapport variable de 164 à 180 contre 100, ou en moyenne pour les divisions usuelles à 172 contre 100.

M. Ricour n'a expliqué nulle part, que je sache, cette première dérogation à sa règle pratique, et il n'est pas vraisemblable qu'il l'attribue à une nouvelle déduction de la théorie mécanique de la chaleur.

Un renseignement spécial, que j'avais cru inexact au moment où je l'ai reçu pour la première fois, montre que les premiers résultats de l'application en service avaient été défavorables.—Voici, en effet, ce qu'avait rapporté, dans le compte-rendu de son voyage, un ingénieur de la Compagnie d'Orléans envoyé pour l'étude de la contre-vapeur en Espagne, qui avait suivi plusieurs trains les 25, 26 et 27 juin 1866 :

*Inconvénients de la contre-vapeur.* — « Sur la machine » 342 (qui n'avait, m'a-t-on dit, que quelques jours de » service), j'avais constaté que l'emploi de la contre-va- » peur rendait de plus en plus dure la marche du levier de » changement de marche. En arrivant à Madrid, les tiroirs » étaient grippés (frottement de fonte sur fonte), la trace » de limaille bien accusée, les garnitures des tiges étaient » sèches, presque noircies; il y a échauffement notable de » toutes les pièces, les tiges des pistons bleuissent; l'huile » bout dans la partie inférieure du plateau d'arrière des » cylindres. Les machines 341 et 601 ont mieux travaillé; » néanmoins, les causes générales de surélévation de tem- » pérature existent toujours, les garnitures se brûlent en » deux voyages. »

La solidarité des robinets existait déjà à ce moment.

Cet état de choses est le premier fruit de la substitution

des calculs théoriques de M. Ricour, à la méthode expérimentale qui aurait dû servir de base principale à l'application; on y trouve l'origine de cette modification déjà considérable apportée par lui dans le rapport des injections, lequel est abaissé de 275 à 172 de vapeur pour 100 d'eau.

Mais cela n'avait pas suffi.

*Dès le* 28 *août* 1866, dans les communications de service échangées entre M. Ricour et M. Germon, on voit apparaître le signe des embarras qu'occasionnent les dispositions adoptées pour la contre-vapeur, malgré l'augmentation considérable dans les injections d'eau constatée en juillet. — M. Ricour écrit à cette date à M. Germon : « Ainsi que » je vous l'avais indiqué, les écoulements d'eau et de va- » peur sont insuffisants pour nos machines à huit roues. »

*Le* 29 *septembre* 1866, un post-scriptum d'une lettre adressée à M. Germon porte : « Je viens de voir M. Fouail- » let qui me dit que la vapeur, au bout de dix à douze kilo- » mètres, sort complétement sèche; il est évident, dès » lors, que l'injection est insuffisante. Je ne puis arriver » à comprendre pourquoi les résultats sont mauvais dans » les Pyrénées quand ils sont bons dans le Guadarrama. » — Les expériences sur l'écoulement de l'eau ont bien » indiqué qu'il y a insuffisance d'eau; il faut donc augmen- » ter un peu le diamètre du tuyau d'écoulement. Vous » laisserez dans une première machine le robinet d'eau » indépendant du robinet de vapeur, et le chef mécanicien » déterminera en route jusqu'à quel point ce robinet d'eau » doit être ouvert pour fournir de l'eau en quantité suffi- » sante. Ne laissez pas continuer les essais avant d'avoir » établi une machine dans des conditions convenables, » afin que nous obtenions dans les Pyrénées ce que l'ex- » périence nous a fait obtenir dans le Guadarrama. »

Le corps même de la lettre permet de supposer que ces observations sont relatives à la machine 161 à six roues.

M. Ricour paraît avoir perdu sa confiance dans les déductions de la théorie mécanique de la chaleur; il demande à l'expérience le remède aux maux que cette théorie, mal interprétée par lui, a engendrés; il finit par où il aurait dû commencer en avril 1866.

*Le* 23 *octobre* 1866, nouvelle lettre, déjà reproduite dans mon premier mémoire sous le numéro 18, où M. Ricour prescrit de doubler les injections d'eau seulement, l'injection de vapeur étant parfaitement convenable.

*Le* 6 *novembre* 1866, ordre de suspendre l'emploi de la contre-vapeur pour les machines à huit roues, jusqu'à ce que l'écoulement de vapeur et d'eau ait été doublé. — Voy. page 89 ci-après.

Dans mon mémoire, j'avais conclu de ces détails que le rapport des injections, pour le débit maximum, avait été porté en effectif, dans le mélange, à 14 kilogrammes pour l'eau, la vapeur restant fixée à 12,56, et j'en avait déduit le rapport. . . . . . . . . . . . Vapeur 90, Eau 100.

Dans son nouveau mémoire, M. Ricour donne, pour le rapport des injections, qu'il a déduit d'expériences faites sur quarante machines distinctes, le rapport de 15 : 15, ou. . . . . . . . . . . . . . . Vapeur 100, Eau 100.

C'est le 20 avril 1867 seulement, que M. Ricour a ordonné de rendre les deux robinets indépendants, et il a quitté le service de la compagnie à la fin du mois suivant; il est donc certain que ce rapport 100 : 100 s'appliquait à l'injection par robinets solidaires.

Enfin, dans son nouveau mémoire, par des raisonnements que j'ai signalés en examinant ce travail, mais sans expliquer cette modification à ses précédentes combinaisons, il arrive à poser comme règle, à peu près indépendante du volume d'aspiration et de la vitesse, les injections de $7^k,50$ de vapeur et 15 kilogrammes d'eau, soit le rapport. . . . . . . . . . . . Vapeur 50, Eau 100.

Dans l'état où M. Ricour a laissé le matériel, le service de la contre-vapeur n'était pas assuré, car on a vu dans mon premier mémoire, qu'à la fin d'octobre 1868 l'ingénieur du matériel et le directeur ont été d'accord pour suspendre l'application de la contre-vapeur aux machines à huit roues accouplées, à cause du chauffage et du grippement, manifeste surtout pour les machines ayant des tables de tiroirs en bronze rapportées.

Le défaut de symétrie des tuyaux répartiteurs a dû avoir une part notable dans ce résultat ; mais la cause probablement la plus importante a été l'habitude conservée par les mécaniciens, après le déclenchement des robinets, d'injecter un excès de vapeur, qui entraînait l'eau et l'empêchait de pénétrer dans les cylindres.

L'idée dominante dans les applications de la contre-vapeur, sur le chemin de fer du Nord de l'Espagne, avait été le remplissage du volume d'aspiration par de la vapeur prise dans la chaudière, en excès suffisant pour former un panache, et l'addition d'une quantité d'eau qui avait été successivement accrue, et qu'on supposait, malgré l'évidence des faits, devoir pénétrer en entier dans les cylindres. — Quand les mécaniciens, devenus désormais libres de manœuvrer indépendamment les robinets, voulaient injecter une quantité d'eau assez considérable, elle était entraînée pour la plus grande partie par la cheminée ; pour ne pas être mouillés, ils refermaient les robinets d'eau et la machine chauffait.

Par un règlement de service du 6 décembre 1866, à l'époque où les deux robinets étaient solidaires, M. Ricour avait prescrit d'ouvrir l'injection en grand, sans prescrire de la fermer successivement pour la mettre en rapport avec la vitesse et l'admission. — Il est impossible qu'une telle règle ait été observée; mais on comprend que les mécaniciens, dès qu'ils ont pu manœuvrer séparément les deux robinets, aient eu tendance à fermer de préférence le robinet d'eau pour ne pas être mouillés. — Dans les idées régnantes, dès qu'il sortait de l'eau par la cheminée, le mécanicien devait croire qu'il y en avait assez dans les cylindres.

En déclenchant les robinets, il aurait fallu prescrire de réduire, et au besoin de supprimer l'injection de vapeur, puis, si cela ne suffisait pas pour éviter une perte trop considérable par la cheminée, de diminuer l'injection d'eau. — Ce qui s'est passé jusqu'à ces derniers temps sur ce chemin de fer est un des exemples les plus frappants du mal que peut faire une idée préconçue, qu'on néglige de soumettre au contrôle de l'expérience.

Le résultat de tous ces tâtonnements avait été de faire prendre la contre-vapeur en dégoût par les mécaniciens.

Voici comment se résumait, à la fin de 1867, la situation des choses : lettre du directeur en date du 29 octobre, numéro 1129 : « Toutes nos machines ont des appareils de » contre-vapeur, et je veux qu'on s'en serve ; mais je suis » à peu près le seul de mon avis. On a tellement ennuyé » le personnel par des expériences exagérées, tellement » abîmé les machines, que les mécaniciens et les chefs de » dépôt l'ont prise en horreur. Il faudra bien qu'ils y re- » viennent. »

A la fin de 1868, la situation s'était améliorée, mais elle n'était pas encore satisfaisante ; on venait de reconnaître que, pour les machines à huit roues, les plaintes des mécaniciens étaient justes, et l'on avait proposé, comme palliatif des difficultés de manœuvre du changement de marche, l'application de la vis de M. Marié. — Une nouvelle lettre du directeur, en date du 23 décembre 1868, résumait ainsi la situation générale : — « L'usage de la contre-vapeur » a toujours existé théoriquement. Toutes les machines » sont munies des appareils ; les mécaniciens, chefs de » dépôt et chefs de traction, étaient devenus complétement » hostiles à leur emploi qui leur avait occasionné, du temps » de M. Ricour, de nombreux désagréments, des punitions » quand ils ne s'en servaient pas à l'exclusion des freins, » même pour les arrêts, des usures considérables de tiroirs, » tiges d'excentriques, etc., par suite un travail supplé- » mentaire assez considérable. Quand M. Ricour est parti, » l'on s'est détendu, c'était naturel. Mais je tenais à ce » qu'on s'en servît dans des conditions modérées et j'y ai » réussi *ou à peu près*. C'est ce que vous annonçait ma » lettre du 29 octobre 1867. — Vous me demandez s'il » faut comprendre *complétement*, en *grande partie*, ou » *partiellement* suspendu. Vous pouvez prendre le terme » moyen *en grande partie*. »

Les expériences que j'ai conseillées en janvier 1869 sur l'injection de l'eau, ont montré où gisait le mal ; on a reconnu qu'on injectait trop de vapeur. — J'avais d'ailleurs signalé le défaut de symétrie. — L'emploi exclusif de l'eau est adopté maintenant en principe, et l'on s'applique à remettre successivement les mécaniciens du désarroi dans lequel trois années de mauvais service les avaient jetés ; mais ce n'est pas sans difficulté.

En résumé, M. Ricour, guidé par la théorie mécanique de la chaleur, après une correction d'un cinquième sur la vapeur, faite au sentiment, avait établi, le 24 avril 1866, les proportions. . . . . Vapeur 275. Eau 100.

| | | | | |
|---|---|---|---|---|
| Le 16 juillet, éclairé par un premier insuccès, il appliquait. . . . . | » | 172 | » | 100. |
| En novembre 1866, le mal n'était pas réparé, il allait à . . . . . | » | 100 | » | 100. |
| Il conseille aujourd'hui. . . . . | » | 50 | » | 100. |
| Et l'on réorganise le service avec. | » | 0 | » | 100. |

Et tout cela s'est produit après les premières expériences des 22 et 24 mars, qui, très-probablement, avaient donné un résultat véritablement favorable.

Tout cela est arrivé parce que M. Ricour a sacrifié la méthode expérimentale aux déductions d'une théorie très-savante, qui lui avait fait perdre de vue un principe élémentaire de mécanique physique, dont le rôle est prépondérant.

Après une telle campagne, je n'hésite pas à exprimer l'opinion qu'aucun mérite d'exécution ne peut être attribué à M. Ricour, et la conviction que, sans les chemins français, et en particulier sans le chemin de fer de Paris à Lyon, la contre-vapeur aurait péri entre ses mains.

Je n'ai pas besoin de revenir sur les détails historiques que j'ai donnés relativement à l'introduction de la contre-vapeur en France. — Les ingénieurs sont entrés dans la voie expérimentale, en se laissant guider, sans parti pris, par la pensée que l'injection d'eau avait un rôle très-important à jouer. — En présence du rapport de M. Ricour, qui lui avait été communiqué, non pas par moi qui n'ai eu l'honneur de faire sa connaissance qu'en 1867, mais par un membre de la Commission des inventions, M. Marié ne s'était pas arrêté à la *règle pratique* de 275 de vapeur contre 100 d'eau, que donnait l'*original* du rapport. — Il réglait ses injections sur le pied de 68 de vapeur contre

100 d'eau, après avoir déterminé expérimentalement, à l'aide des deux robinets indépendants, les proportions les plus convenables, et il réussissait sans hésitation.

Au chemin d'Orléans, M. Forquenot avait débuté avec les robinets solidaires de M. Ricour, mais avec une proportion de 65 vapeur contre 100 eau, alors que M. Ricour en était à 172 en moyenne de vapeur.

Si M. Noblemaire, devenu directeur du chemin de fer du Nord, en remplacement de M. des Orgeries, n'avait pas su que la contre-vapeur donnait de bons résultats en France et n'avait pas eu la ferme volonté de la faire appliquer, elle serait certainement tombée dans un complet oubli en Espagne, ou d'ailleurs aucune autre compagnie, en présence du peu de succès obtenu sur le chemin de fer qui avait été son berceau, n'a voulu faire d'application.

Je n'ai pas besoin, après les détails que j'ai donnés dans mon premier mémoire, et dans ce supplément, de revenir sur la question de l'injection d'eau seule, et sur les expériences qui m'ont conduit à la recommander. — J'ai eu à plusieurs reprises l'occasion de constater avec quelle facilité on pouvait expliquer aux mécaniciens l'usage de la contre-vapeur avec injection d'eau seule, lorsqu'on ramenait la question à ses termes simples. — Les mécaniciens comprennent très-bien que ce qui pénètre dans l'échappement, pour entrer dans les cylindres, ressemble au mélange de vapeur aqueuse qui sort d'un robinet de vidange ou d'un tube crevé; on peut au besoin démonter un joint du tuyau d'injection pour leur en montrer plus directement la nature. On les rassure donc sur les chances de coups d'eau, d'avaries, etc. — On n'a pas de peine à leur faire comprendre que de l'eau à 100 degrés, en contact par l'intermédiaire de parois métalliques minces avec de la vapeur à 175 degrés, puis avec la masse chaude des cylindres, se réduira plus ou moins en vapeur, et ils ne sont pas étonnés de voir qu'en prenant de l'eau dans la chaudière ils ont de la vapeur en panache au sommet de la cheminée. On n'a pas à les mettre longtemps entre les mains d'un moniteur, lorsque celui-ci n'a d'autre règle à leur enseigner que d'ouvrir le robinet suffisamment pour qu'il sorte de la vapeur par la cheminée, et d'en modérer l'ouverture de façon à éviter la formation d'un panache trop fort et les projections d'eau. —Si l'on ne craint pas de sacrifier un peu de vapeur à une lubrification plus parfaite, la consigne est d'ouvrir le robinet jusqu'à ce que la machine prime, et de régler la pluie de manière qu'elle ne soit que légèrement incommode.

M. Ricour a demandé quelque part dans son appendice pourquoi je n'ai pas fait réformer plus tôt en Espagne les erreurs d'application que je relève maintenant.

A cette question j'ai une première réponse à faire, c'est que, à partir du 1er octobre 1868, époque à laquelle il m'a été possible de me livrer à d'autres occupations que celles d'un service très-chargé, je n'ai mis que trois mois à éclaircir la question à laquelle M. Ricour avait consacré près de deux années. — Mais j'ai une autre excuse ; elle résulte de la persistance que M. Ricour a mise à cacher à tout le monde les tâtonnements par lesquels il passait, sans réussir à aboutir à quelque chose de net et de satisfaisant.

Trompé par les rapports officiels, j'ai cru longtemps que tout allait pour le mieux en Espagne, et ce n'est enfin que dans ces derniers temps, en compulsant les archives du matériel, que j'ai su tous les tâtonnements qui avaient eu lieu. — Depuis le commencement jusqu'à la fin, les communications de M. Ricour se signalent par un manque d'exactitude dont on retrouve la preuve fréquemment.

En septembre 1865 et en février 1866, M. Ricour met au secret mes instructions, n'en révèle pas même l'existence à ses collaborateurs ; il les dénature en se les appropriant, ou les laisse repousser sans faire connaître leur origine, ce qui n'aurait pas manqué de les faire prendre un peu plus au sérieux.

Le 27 février 1866, en écrivant à son directeur une lettre personnelle, qui est devenue officielle par la transmission qui m'en a été faite, il se pose vis-à-vis de lui comme l'auteur de la combinaison nouvelle de machine inverse ou de circuit fermé, qu'il a retrouvée quatre jours avant dans ma correspondance.

Le 23 juin 1866, au moment où je venais de soumettre à la signature des administrateurs la lettre que j'avais préparée pour l'envoi à M. le ministre du rapport de M. Ricour, j'écrivais à M. des Orgeries, en lui envoyant la copie de cette lettre, rédigée dans l'intérêt de M. Ricour : « Vous devriez bien prier M. Ricour de nous tenir au » courant de la suite des essais ou applications. Au moment » où M. Maniel faisait signer la lettre, quelqu'un qui se » trouvait là lui a dit avoir appris que cela ne réussissait » pas dans le Guadarrama.

» M. Maniel a répondu que le renvoi par M. Ricour de » son mémoire arrivé hier prouvait que ce renseignement » n'était pas exact.

» Il est bon, en tout cas, pour répondre aux questions » que l'on commence à nous faire, de savoir exactement où » en est l'application. »

Par le retour du courrier, le 25, M. des Orgeries, qui

ne connaissait l'état des choses que par le témoignage de M. Ricour, répond :

« Les bruits qui sont parvenus sur l'insuccès dans le » Guadarrama sont absolument sans fondement.

» L'appropriation des nouvelles machines a subi des re- » tards dus à diverses causes, et que, pour ma part, je re- » grette ; c'est peut-être là le point de départ de ces » bruits.... »

Or, par une coïncidence fortuite, il se trouve que c'est précisément le même jour, 25 juin, que l'ingénieur de la Compagnie d'Orléans, descendant le Guadarrama avec la machine 342, constatait un chauffage général et l'ébullition de l'huile dans les cylindres (voyez ci-dessus, page 78).

Lorsque M. Forquenot m'a fait part des indications qui lui avaient été rapportées d'Espagne, fort de mes informations officielles, je lui ai répondu qu'il avait été mal renseigné, et que, si son ingénieur avait vu effectivement quelques machines chauffer, c'était un fait accidentel ou un mauvais tour que les mécaniciens avaient voulu jouer à un étranger en même temps qu'à leur chef.

Le 16 juillet 1866, au moment même où M. Ricour réduisait l'injection systématique de vapeur de 275 (correction pratique de son mémoire) à 172 en moyenne, il déclare, dans une note destinée à la commission des inventions qui examinait son rapport du 24 avril, sans faire ressortir d'ailleurs l'importante modification déjà apportée à sa règle pratique, que : « *L'appareil à contre-vapeur donne bien exactement tous les résultats prévus.* »

Le 24 octobre 1866, avec une lettre que M. Ricour a pris la peine de reproduire à la suite de ses extraits de correspondance, j'envoie à M. des Orgeries une note de M. Forquenot, contenant ces détails de chauffage et les résultats des premiers essais entrepris sur le réseau d'Orléans. Je demande où en est l'application en Espagne, si le personnel a franchement adopté l'usage de la contre-vapeur, si l'expérience n'a pas montré quelque inconvénient.

M. Ricour était à cet instant même occupé à rectifier pour la seconde fois ses injections; sans rien dire des embarras qu'il éprouve, il fait répondre par M. des Orgeries que tout va pour le mieux.

Le hasard a donné la même date à deux lettres, dont le rapprochement caractérise la manière de faire de M. Ricour; les voici reproduites parallèlement :

| *M. des Orgeries à M. Le Chatelier.* | *M. Ricour à M. Germon.* |
| --- | --- |
| « Madrid, 6 novembre 1866. | « Madrid, 6 novembre 1866. |
| » L'usage de la contre-vapeur » est adopté d'une manière absolue » dans le Guadarrama, depuis que » toutes les machines du dépôt de » Madrid sont munies de leurs tu- » bes d'inversion, et les résultats ob- » tenus sont conformes aux conclu- » sions du rapport de M. Ricour » que j'ai eu l'honneur de vous » transmettre, le 29 avril dernier. » | » J'ai reçu aujourd'hui commu- » nication des essais faits par M. Feu- » gère; il y aurait danger à se servir » de l'appareil de contre-vapeur » pour les machines à huit roues » aussi longtemps que l'écoulement » de vapeur et d'eau ne sera pas » augmenté. Veuillez donc recom- » mander de ne pas s'en servir » jusqu'à modification; il y aurait » de l'air aspiré, et nous serions » exposés à brûler les garnitures. » |

Mais ce n'est pas tout; le 7 novembre, c'est-à-dire le lendemain du jour où ces lettres étaient écrites, le secrétaire de la commission des *Annales des mines* envoie à M. Ricour les épreuves de son mémoire à corriger. Elles sont transmises par le bureau de Paris à l'agence internationale d'Irun, et M. Ricour les reçoit le 9 ou le 10.

Au point de vue de l'utilité pratique, ce que le mémoire de M. Ricour contenait de plus important, pour les ingénieurs français et étrangers, auxquels le recueil officiel des

*Annales des mines* devait apprendre les résultats obtenus en Espagne et enseigner les moyens de les reproduire, c'était évidemment le rapport à établir entre la vapeur et l'eau, dans le mélange injecté. L'auteur enseignait la nécessité de faire un emploi simultané de la vapeur et de l'eau ; il était du devoir le plus étroit pour lui de faire connaître les résultats que l'expérience lui avait fournis jusqu'au dernier moment. On corrigeait les épreuves en novembre, et la publication n'a eu lieu effectivement qu'au printemps de l'année suivante.

Or, voici ce que M. Ricour a fait pour accomplir le devoir qui lui était imposé vis-à-vis de la Compagnie, vis-à-vis de la commission des inventions qui avait décerné des éloges à son mémoire, vis-à-vis de la commission des *Annales des mines*, qui l'avait accueilli avec faveur, et vis-à-vis du public.

Le rapport donnait le tableau des poids théoriques d'eau et de vapeur à injecter, pour le type le plus général des machines auxquelles la contre-vapeur devait être appliquée ; les poids théoriques devaient être arrondis et augmentés pratiquement d'une certaine quantité que l'auteur prescrivait en ces termes :

« Il convient dans la pratique d'augmenter un peu la
» proportion d'eau et de la porter à 50 pour 100 de vapeur
» bien que le calcul ne donne que 43,5 au maximum, »

Voici en regard les proportions calculées et les proportions corrigées :

| Numéro des crans. | Injections calculées. | | Injections corrigées. | |
|---|---|---|---|---|
| | Vapeur. | Eau. | Vapeur. | Eau. |
| 3 | 718 | 100 | 275 | 100 |
| 6 | 387 | 100 | | |
| 9 | 336 | 100 | | |
| 12 | 328 | 100 | | |

Dans la situation où se trouvait M. Ricour, ingénieur d'un corps officiel en France, ingénieur en chef d'une grande compagnie de chemin de fer, chargé par la direction de cette compagnie de rendre compte des essais dont elle lui avait confié l'exécution, c'était un devoir impérieux pour lui de faire connaître le véritable état des choses, en remplaçant au besoin son mémoire par une nouvelle rédaction, qui eût reproduit les expériences primitives, les faits et les tâtonnements de l'application.

Tout au moins M. Ricour devait-il, dans une note explicite, constater que l'application n'avait pas confirmé les résultats de ses calculs, qu'il avait été dans l'absolue nécessité, et à deux reprises différentes, de remanier les injections, en augmentant celle d'eau ou en réduisant celle de vapeur. M. Ricour s'est abstenu d'initier les ingénieurs, auxquels son mémoire devait servir de guide, aux difficultés pratiques qu'il avait rencontrées et que chacun pouvait rencontrer à son tour. Cette situation ne lui a suggéré d'autre solution que la substitution, par correction d'imprimerie, d'une phrase nouvelle à celle qui arrondissait les poids d'eau théoriques; voici en regard les deux rédactions successives :

| *Mémoire original.* | *Mémoire imprimé.* |
|---|---|
| « *Il convient dans la pratique* » *d'augmenter* un peu la proportion d'eau et de la porter à » 50 0/0 de vapeur, bien que le » calcul n'indique que 43,5 au » maximum. » | « *Il convient dans la pratique* » *d'augmenter* les poids d'eau et » de les porter au double des poids » théoriques inscrits dans l'avant- » dernière colonne des tableaux » ci-dessus. » |

Lorsque j'ai discuté une première fois le mémoire de M. Ricour inséré dans les *Annales des mines*, je n'avais pas entre les mains la copie prise avec soin sur l'original; je ne l'ai retrouvée que postérieurement. J'avais supposé que, dans sa phrase corrective, M. Ricour conseillait de prendre pour poids d'eau à injecter le double des poids totaux de l'avant-dernière colonne. La première rédaction explique la seconde, et l'on est amené à comprendre que l'injection d'eau doit être réglée de telle sorte que le poids d'eau totale (injectée et amenée par entraînement avec la vapeur) forme le double des poids de l'avant dernière colonne.

Voici en regard les rapports des poids d'eau à injecter conformément à chacun des systèmes de corrections (1) :

| Numéro des crans. | Correction imprimée. | | Correction primitive. | |
|---|---|---|---|---|
| | Vapeur. | Eau. | Vapeur. | Eau. |
| 3 | 271 | 100 | 275 | 100 |
| 6 | 164 | 100 | | |
| 9 | 146 | 100 | | |
| 12 | 143 | 100 | | |
| **Moy. des trois dern. cr.** | **151** | **100** | **275** | **100** |

C'est au moment où il reconnaît qu'il est *indispensable* et sans que cela soit d'ailleurs suffisant, d'abaisser la proportion de vapeur de 275 à 100 ou à 90 contre 100 d'eau, que M. Ricour, dans une phrase peu explicite et par ces mots : *il convient*, se borne à la réduire à 151 en moyenne.

Je doute qu'on trouve dans les deux recueils réunis des Annales des mines et des ponts et chaussées un second exemple d'une pareille manière d'éclairer le public.

(1) Exemple : 9e cran, poids total de l'eau $2 \times 11,81 = 23,62$; eau apportée par la vapeur 2,77; eau à injecter $23,62 - 2,77 = 20,85$; rapport des injections $\frac{30,45}{20,95} = 146$. (Voyez le Mémoire de 1866.)

Le 9 mai 1867, dans un rapport qui relatait une série d'expériences faites sur la contre-vapeur en présence des ingénieurs du contrôle espagnol, M. Ricour entretenait encore ma sécurité par les détails suivants, qui n'étaient pas exacts ou tout au moins complets : — « Mais je ne vois » aucune utilité à adopter un changement de marche à vis, » nous ne remarquons *absolument aucune différence* » *dans la manœuvre du levier ; que cette manœuvre se fasse* » *en avant ou en arrière : elle n'est ni plus dure ni plus* » *difficile dans un cas que dans l'autre.* »

On a vu que, pour les machines à marchandises à huit roues accouplées, il a fallu suspendre à la fin de 1868 l'usage de la contre-vapeur par suite de la dureté du changement de marche.

C'est après avoir dissimulé constamment l'état réel des choses que M. Ricour me reproche d'avoir eu de la confusion dans mes idées, d'avoir varié dans ma manière de comprendre la contre-vapeur, et s'engage dans une polémique à outrance, pour établir que j'ai eu trois systèmes successifs de revendication dont aucun finalement n'est acceptable.

J'ai déjà mis en relief plusieurs des moyens de polémique adoptés par M. Ricour ; j'en citerai encore deux qui se rattachent plus directement à la question de sincérité des comptes rendus ou de la discussion.

Le 13 février 1867, j'avais écrit au directeur du chemin du Nord une lettre dans laquelle se trouvaient les passages suivants :

« *Il est bien essentiel, ainsi que je vous l'ai déjà* » *signalé je crois, de limiter l'élévation de la pression dans*

» *la chaudière à la descente. Un ingénieur avec qui je causais récemment insistait sur le danger de voir la machine désemparée par la rupture d'un tube et sur la nécessité par suite de conserver le nombre ordinaire de garde-freins.* »

» *Je crois que M. Ricour a conjugué le robinet d'eau et celui de vapeur;* à ce point de vue *il est peut-être nécessaire de revenir sur cette disposition en laissant au mécanicien la facilité de jeter dans le tuyau d'échappement un excédant de vapeur, sans pour cela noyer les cylindres.* »

J'indiquais tout simplement que si, à un moment donné, le mécanicien était conduit à se servir du robinet et du tuyau d'injection pour évacuer un excès de vapeur, il ne fallait pas que la solidarité des robinets entraînât l'évacuation d'une quantité d'eau correspondante.

M. Ricour, sans reproduire nulle part le premier de ces deux alinéas, présente le dernier isolément, pour chercher à établir que les rôles sont renversés, et que, alors que je redoutais l'injection de l'eau, c'était lui qui voulait obliger le mécanicien à faire cette injection en excès.

Dans mon premier mémoire, j'ai relaté au fur et à mesure que les renseignements me parvenaient, et autant que le travail de l'imprimerie le permettait, tous les faits relatifs à l'injection de l'eau seule. — C'était là l'élément essentiel de mon travail; les expériences que j'avais rapportées, les explications que j'avais données à leur sujet, les essais et les applications que je signalais jetaient un jour tout nouveau sur la question. — Il n'était plus possible lorsque j'avais fait, avec le concours de plusieurs ingénieurs très-habitués à ce genre de travaux, des expériences très-précises, montrant que le service de la contre-vapeur se faisait dans les meilleures conditions avec des injections de 8 et 10 kilogrammes d'eau seule par minute, là où M. Ricour recommande encore 7 kil. 5 de vapeur et 15 d'eau, de présenter comme admissible la théorie qui faisait passer l'eau liquide dans les cylindres.

J'avais cité les exemples suivants :

1° Expérience de la rampe d'Étampes le 5 janvier 1869, avec les ingénieurs préposés au service des expériences sur le chemin de fer d'Orléans.

2° Expériences des 22 et 29 janvier sur le chemin de fer de l'Est, avec le concours de MM. Guebhard et Dieudonné;

3° Expériences des 23 et 30 janvier sur la ligne de Saint-Gobain à Chauny, avec MM. Delebecque et Geoffroy; pente de 18 millimètres ;

4° Expériences continuées en service sur le chemin de fer d'Orléans, entre Moulins et Montluçon; pentes de 15 millimètres ;

5° Expériences sur le chemin du Midi, section de Lannemezan ; pente de 32 millimètres par mètre ;

6° Expériences sur le chemin de fer du nord de l'Espagne, section des Pyrénées ; pente de 15 millimètres ;

7° Expérience sur le réseau de l'Ouest (au contrôle duquel M. Ricour est attaché), avec une machine ne portant qu'un seul tuyau et un seul robinet pour l'injection de l'eau ;

8° Application générale sur le réseau d'Orléans, où partout on a supprimé l'injection de vapeur. — « Le service » de toutes les sections à forte pente, disais-je, se fait avec » l'injection d'eau seule ; tous les rapports constatent une » amélioration dans le service de la contre-vapeur. » — Ce réseau comprend la traversée du Cantal avec pente et contre-pente de 30 millimètres par mètre.

Des faits aussi nombreux et aussi concluants gênent M. Ricour, et montrent à la fois qu'il s'est trompé dans ses deux mémoires successifs, en méconnaissant le fait de la vaporisation de l'eau dans les cylindres, et que tous les mécomptes qu'il a éprouvés dans ses longs tâtonnements viennent de ce qu'il a voulu se faire une solution propre en disant *vapeur et eau*, alors que le programme mis entre ses mains recommandait l'injection de l'eau au lieu et place de la vapeur, de *préférence* à la vapeur. — Il se trouve que non-seulement j'ai fourni le principe et le mode d'application de la contre-vapeur, mais encore que j'ai mis, dès le premier jour, le doigt sur la vraie solution.

L'embarras de M. Ricour n'est pas long; il efface d'un trait de plume tous les faits que j'ai relevés, et les conséquences qui en ressortent nécessairement, et résume cette partie dominante de la question par quelques lignes, après avoir d'ailleurs déduit, par des chiffres groupés en sens inverse du raisonnement qu'il m'oppose, une conséquence absurde de mon système :

« Une telle conséquence est contredite par la pratique » de tous les jours, et nous pensons que l'expérience de la » rampe d'Étampes, qui a duré tout au plus quinze minutes » et qui a été faite sur une faible pente avec une grande » dépense de charbon, n'a pas reçu dans l'ouvrage de » M. Le Chatelier sa véritable interprétation. »

« C'est dans le mémoire du 24 avril 1866, si singulière- » ment critiqué, que M. Le Chatelier pourra trouver une » explication rationnelle de son expérience. »

## § 6. — Brevet.

J'ai souvent eu l'occasion, en collaboration avec plusieurs de mes amis, de prendre des brevets d'invention, pour des perfectionnements à diverses industries chimiques. — Chacun a son étude de prédilection; celle de M. Ricour est l'équivalent mécanique de la chaleur, la mienne est la chimie industrielle. Je me suis trouvé parfaitement à mon aise, dans ma situation, pour revendiquer la propriété individuelle ou collective d'idées nouvelles, ou supposées telles, touchant à la fabrication des acides dérivés du fluor, de la potasse et de la soude, de l'alumine et de ses dérivés, du sucre, et même de l'acier.

Mais il ne m'était jamais venu dans la pensée, lorsque je m'occupais de perfectionnements mécaniques relatifs à l'industrie des chemins de fer, dans la sphère de mes devoirs de service directs, soit lorsque j'étais attaché au contrôle de l'État, soit lorsque j'étais l'agent d'une compagnie, que je pourrais faire des expériences aux frais d'une compagnie, pour m'en approprier le bénéfice par un brevet en France ou même à l'étranger.

J'ai peut-être eu tort de ne pas y songer pour la contre-vapeur; la Compagnie du Nord de l'Espagne m'aurait certainement abandonné ses droits, sous certaines réserves de franchise pour les compagnies auxquelles son administration se rattache; l'agrément de l'administration des travaux publics m'aurait probablement aussi été acquis, si je l'avais sollicité.

J'aurais pris un brevet le 28 juillet 1865, en développant mes..., etc., etc. Je l'aurais complété par une addition en forme le 19 septembre suivant; et il est vraisemblable que M. Ricour, en voyant les compagnies obligées de me payer rançon pour l'usage d'un privilége légalement incontestable, me laisserait aujourd'hui à mes affaires et à mes études, sans soulever une polémique sans justice et sans raison. — Un tel privilége eût été inattaquable, quand bien même, sans énoncer expressément le refoulement dans la chaudière, je me serais borné à dire qu'il fallait établir une communication entre la chaudière et la base du tuyau d'échappement, au moyen d'un tuyau de petit diamètre, pour y lancer de la vapeur ou de l'eau dérivée de la chaudière; personne n'aurait eu le droit, sans mon autorisation, de renverser la vapeur, en substituant aux gaz de la boîte à fumée, ou à l'air extérieur, une atmosphère de vapeur ou un brouillard aqueux; les personnes qui ont lu les brevets que j'ai rédigés, soit pour moi, soit pour d'autres, et qui ont pu y trouver parfois des traités sur le sujet de la spécification, admettront facilement que, si j'avais déposé une spécification sur la contre-vapeur, j'y aurais indiqué, entre autres combinaisons, les mélanges de vapeur et d'eau; — le principe le plus élémentaire, quand on prend un brevet, est d'y laisser le moins possible de lacunes.

Mais les choses ne se sont pas passées ainsi; l'idée ne m'est pas venue de prendre un brevet; je ne prévoyais pas que M. Ricour me ferait faire une longue et coûteuse expérience des tribulations auxquelles on s'expose en travaillant à découvert. — Mon application, au contraire, à tous les instants, avait été de placer la contre-vapeur dans le domaine public; j'étais même allé à cet égard au-devant des intentions que le conseil d'administration de la compagnie a manifestées plus tard.

M. Ricour ne s'est pas trouvé dans les mêmes idées; il a pris un brevet en Espagne, le 3 décembre 1866, et cela au moment même où il faisait pour la seconde fois l'épreuve de l'inefficacité de ses préceptes sur le mélange systématique de la vapeur et de l'eau.

Voici dans quelles conditions a eu lieu cette prise de brevet, dont il me paraît superflu de constater l'irrégularité, en ce qui concerne les droits matériels que j'aurais pu faire valoir à défaut de la Compagnie.

Ma préoccupation, dès l'origine, avait été d'empêcher des prises de brevet. — Le *post-scriptum* de ma lettre du 28 juillet 1865 portait : « Il sera bon, en cas de demi- » succès, de faire constater l'application. — Je ne sais pas » si l'inventeur a pris des brevets en Espagne et si mon » robinet rentre dans sa spécification. »

Les premières expériences de l'appareil provisoire ou primitif ont été faites les 28 et 30 août 1865. — Dans l'intervalle, le 29 août, un notaire a dressé un procès-verbal descriptif de la machine d'essai ; M. Ricour l'a reproduit parmi les pièces annexées à son mémoire.

Après avoir reçu mes instructions du 19 septembre 1865, M. des Orgeries m'écrit, le 30 septembre, en exprimant la pensée que, pour empêcher cette affaire de tomber dans le domaine public, il serait nécessaire qu'on prît un brevet en Espagne. — Il s'informe de ce que j'ai fait à cet égard et de ce qu'il doit faire. « Si vous n'avez pas encore de- » mandé le brevet en France, ajoute-t-il, nous pourrons » vous envoyer la description de l'appareil que nous avons » installé ici, et nous pourrons remplir ici les formalités » nécessaires à l'obtention du brevet. »

Je suppose et j'ai toujours compris que cela s'appliquait à un brevet pour le compte de la Compagnie.

Le 4 octobre, je recommande encore de faire constater les essais, afin que la Compagnie ne soit pas gênée dans l'application par un brevet.

Le 12 mars 1866, après avoir reçu les renseignements détaillés sur l'essai fait le 1er mars, avec la machine inverse, j'insiste sur les mesures à prendre pour empêcher des prises de brevet.

Le 29 mars, trois jours après l'envoi du rapport de M. Ricour, qui constatait le résultat des expériences des 22 et 24, je reçois de M. des Orgeries la lettre suivante :

« La dernière lettre de M. Ricour vous a fait connaître le succès com-
» plet auquel il est arrivé pour l'emploi de la contre-vapeur. C'est là un
» très-grand résultat, qui nous permettra de réaliser des économies im-
» portantes, tout en nous donnant un surcroît de garantie de sécurité.

» Les formalités nécessaires de constatation ont été faites par un *escri-*
» *bano;* mais il se présente la question de savoir si, pour l'Espagne, il
» convient d'en rester là, et si M. Ricour doit ou non prendre un brevet.

» Vous savez que jusqu'ici, par une exception que pour ma part je n'ai
» jamais pu admettre, M. Ricour est le seul ingénieur de la Compagnie
» qui n'ait pas reçu de gratification, et que, tout récemment encore, cette
» question ne paraissait pouvoir être abordée que dans des conditions
» extrêmement restreintes, et avec des chances de succès bien modiques.
» Le nouveau et important service que vient de rendre M. Ricour devrait
» être l'occasion d'un retour à une situation moins défavorable pour lui.

» En tout cas, et de quelque manière que la Compagnie récompense ce
» service, il me paraît qu'elle ne saurait trouver mauvais que M. Ricour
» puisse tirer profit de l'application de son idée aux autres compagnies
» espagnoles.

» Pour la France, il peut en être autrement, et peut-être convient-il
» aux intérêts mêmes de M. Ricour que son système soit présenté au gou-
» vernement comme une amélioration librement offerte à l'industrie des
» chemins de fer.

» C'est du reste spontanément que je vous soumets ces réflexions sur
» lesquelles je vous serais reconnaissant de me donner votre sentiment.

» Votre très, etc. »

J'ai répondu à M. des Orgeries, le 1er avril, dans les termes qui suivent :

« Je ne partage pas votre idée relativement à la prise d'un brevet par
» M. Ricour.

» J'ai spontanément pensé à prendre ces expériences de contre-vapeur
» et les résultats obtenus comme un moyen d'être utile à M. Ricour au-
» près de la Compagnie et de l'administration des ponts et chaussées ; je
» suis tout disposé à reconnaître le mérite qu'il a eu en les suivant avec
» soin, en en discutant les résultats et en étant le premier à tirer la con-
» séquence naturelle des faits observés.

» Mais je ne crois pas que le résultat final puisse se séparer du point
» de départ et des intermédiaires ; sans chercher à mesurer la part de
» chacun, il me semble que la sienne n'a pas plus d'importance que la
» mienne. — S'il y avait un brevet à prendre, il devrait être pris en
» notre nom collectif, ou plus rigoureusement encore au nom de la Com-

» pagnie, pour le compte et aux frais, risques et périls de laquelle nous » avons travaillé dans la sphère de nos devoirs de service les plus directs.

» Je ne suis pas d'avis que la Compagnie prenne un brevet, et je trouve » qu'il suffit qu'elle fasse mettre l'idée dans le domaine public. — J'ai » déjà eu, dès l'origine, quelques scrupules relativement à l'inventeur, » dont le travail et les expériences m'ont inspiré la pensée de faire les » recherches que vous avez entreprises en Espagne. — Comme vous le » savez, cet inventeur avait imaginé une disposition au moyen de laquelle » il renvoyait l'air comprimé par la marche rétrograde du piston dans un » réservoir d'où il le laissait échapper par une soupape. — Je crois que » la suppression de toute introduction d'air dans les cylindres et le retour » de la vapeur qui le remplace dans la chaudière sont un fait trop nou- » veau pour que ce monsieur, dont j'ai oublié le nom, puisse y avoir » quelque droit ; si son invention, par notre fait, tombe à plat, tant pis » pour lui, c'est le sort commun entre les inventeurs qui se distancent les » uns les autres. — Mais, de là à prendre un brevet pour supplanter le » sien, il y a une grande distance qui ne me paraît pas devoir être fran- » chie. Je m'opposerais donc à ce que la Compagnie prît un brevet et je » me suis borné à prendre des mesures pour que partout où nous avons » des intérêts, en Espagne, en France et en Autriche, la prise de brevet » par des tiers devînt impossible.

» En dehors de cette question de ligne de conduite imposée à la com- » pagnie ou à nous-mêmes comme la représentant, reste la ligne de con- » duite que M. Ricour et moi aurions à suivre comme individus.

» Je crois que notre individualité, comme ingénieurs appartenant aux » grandes compagnies de chemins de fer et en même temps à l'admi- » nistration des ponts et chaussées, des mines et des chemins de fer (le » nom de ponts et chaussées et mines pourrait être modifié aujour- » d'hui), ne nous permet pas de prendre des brevets sur un sujet qui » rentre directement dans l'ensemble de nos devoirs professionnels.

..............................................................

..............................................................

» S'il y avait brevet à prendre, et le premier ordre d'idées que j'ai » considéré me paraît y faire obstacle, et que je fusse disposé à m'ef- » facer complétement pour laisser M. Ricour seul en évidence, je ne l'en- » gagerais pas à passer outre ; le fait, je le crois, serait mal vu dans l'ad- » ministration des ponts et chaussées et dans le personnel des chemins » de fer ; telle est au moins mon opinion. »

Cette lettre a été remise par M. des Orgeries à M. Ricour, qui l'a conservée dans les mains jusqu'en février 1869, époque à laquelle il en a réintégré l'original dans les archives de la Compagnie.

Le 28 mars 1866, avant même que la lettre de M. des Orgeries du 29 fût écrite, j'avais adressé à la Société des ingénieurs civils le rapport du 26 mars de M. Ricour afin de lui donner la notoriété nécessaire pour faire obstacle à des prises de brevet. J'avais fait dans le même but des communications à Vienne et à Bruxelles. Je ne connaissais pas encore à cette époque les prétentions de M. Ricour à l'invention. C'est la lettre du 29 mars qui me les a révélées pour la première fois.

M. des Orgeries n'ayant pas répondu à ma lettre du 1er avril 1866, je terminai ma lettre du 5 mai suivant, que j'ai reproduite page 182 de mon mémoire, pour ce qui concerne la question de priorite, en y ajoutant cet alinéa : « L'absence » de réponse à ma lettre du 1er avril me fait supposer que » peut-être, ainsi que je l'ai entendu dire très-vaguement, » M. Riçour avait déjà pris un brevet avant sa réception. Il » serait nécessaire que la question fût posée à la Réunion » (comité de Paris), qui n'admettra peut-être pas que des » expériences faites en service et à ses frais soient l'objet » d'un brevet personnel. Je vous fais cette observation » parce que M. Emile Pereire, qui présidait la séance de » mercredi dernier en l'absence de M. J. Pereire, a spontanément recommandé de faire, dans l'envoi du mémoire » de M. Ricour au ministre, ce qui serait nécessaire pour » empêcher des prises de brevet. J'ai annoncé au conseil » que des mesures avaient été prises en Espagne, en France » et en Autriche, pour empêcher autant que possible des » prises de brevet. »

M. des Orgeries, qui, avec sa ponctualité habituelle, s'était empressé de suivre mes instructions, se trouva un peu froissé de mon rappel et me répondit le 8 mai :

« L'objet de cette lettre est surtout de faire disparaître » tout doute sur l'esprit dans lequel M. Ricour a rédigé son » mémoire, et de constater que, dans cette circonstance » comme dans toute autre, la règle que nous nous im- » posons tous à Madrid, c'est de marcher d'accord avec » vous.

» A ce point de vue, il m'a été personnellement très- » sensible de voir que vous aviez pu accueillir l'insinuation » qu'un brevet aurait été pris. L'idée d'une prise de brevet » est venue de M. Ibarrola ; je vous ai consulté comme je » devais le faire, et votre réponse a définitivement tranché » la question. Le seul fait de l'absence de réponse à votre » lettre devait signifier que pour moi cette question était » épuisée, on s'est référé sans doute aux constatations d'ap- » plication au Nord, que nous avons fait faire *suivant votre* » *indication*, et pour éviter que la compagnie ait à payer » des droits à un tiers qui se fût fait frauduleusement bre- » veter. »

Je croyais en effet, suivant l'expression de M. des Orgeries, la question épuisée, lorsque j'ai su, à la fin de 1867, que M. Ricour avait effectivement pris un brevet.

J'ai prié un de mes amis de Madrid, qui avait des relations au Fomento, de vérifier si M. Ricour avait bien réellement pris un brevet au sujet de la contre-vapeur, et à quelle date :

J'ai reçu en réponse la note suivante, avec traduction :

« D. Tófilo Ricour, vecino de esta Córte solicitó en 3 de » diciembre de 1866, un privilegio de invencion por 5 años, » para un aparato para dirijir la velocidad en las pendien-

» tes y procurar la parada de los trenes, obteniendo la real » cédula el 28 de febrero de 1867. »

« M. Théophile Ricour, habitant de Madrid, a sollicité le » 3 décembre 1866 un brevet d'invention pour cinq ans, » pour un : *appareil destiné à régler la vitesse dans les » pentes et obtenir l'arrêt des trains*. Il a obtenu l'approba- » tion royale le 28 février 1867. »

« *Nota bene*. Il n'est pas possible d'obtenir le texte qui se » garde sous pli cacheté. »

J'ai récemment fait de nouvelles démarches pour obtenir le texte du brevet ; il m'a été répondu par mon correspondant : « Quant à la copie, il est impossible de se la procurer » par des voies légales, la révolution n'a pas encore pénétré jusque-là. »

Dans le système de la loi espagnole, le brevet reste en effet deposé sous pli cacheté, revêtu du sceau de l'inventeur, auquel il en est délivré une expédition authentique. Le public n'est pas admis à prendre connaissance des spécifications et dessins.

On trouve là encore une coïncidence de dates. M. des Orgeries qui avait notifié à M. Ricour ma réponse du 1er avril, et qui la lui avait laissée entre les mains, a quitté le service de la Compagnie et est parti de Madrid le 29 novembre 1866 ; le dépôt du brevet de M. Ricour a eu lieu quatre jours après, le 3 décembre.

Les conditions auxquelles M. Ricour a offert aux compagnies espagnoles, bien entendu autres que le chemin de fer du Nord, de traiter pour leur concéder des licences, étaient les suivantes :

Allocation de 1000 réaux (263 fr.), comme droit de brevet, pour chacune des dix premières machines sur lesquelles on emploierait les appareils de contre-pression.

En cas de réussite, nouvel arrangement à conclure pour développer l'application.

Les négociations entamées sont restées à l'état de pourparlers ; les résultats obtenus sur le chemin de fer du Nord n'étaient pas encourageants pour les compagnies voisines.

## RÉSUMÉ

Les faits que j'ai rapportés, avec preuves à l'appui, les conséquences qui découlent naturellement de ces faits, soit directement, soit par le silence que M. Ricour, mis en demeure de s'expliquer, a systématiquement gardé, permettent maintenant d'apprécier dans tous ses détails le rôle que cet ingénieur a joué dans cette affaire de la contre-vapeur.

Absent d'Espagne au moment où la question a été posée, il est resté six mois et demi environ, du 8 août 1865, date de son retour, jusqu'au 23 février 1866, dans un état d'indifférence notoire pour les recherches qui se faisaient sous sa direction, et qui lui avaient été expressément recommandées.

Le 23 septembre 1865 il avait reçu des instructions, constituant un programme complet d'expériences, et contenant tous les termes de la solution, y compris le moyen mécanique d'exécution. Au lieu de transmettre purement et simplement ces instructions à M. Germon, son adjoint, sur lequel il devait se décharger pendant longtemps encore du travail prescrit, il les met au secret ; après trois semaines d'attente, il adresse à M. Germon une demande de projet *conformément aux indications* de M. Le Chatelier, sans lui faire savoir en quoi consistent ces indications et sans même lui laisser soupçonner qu'il existe autre chose que ma lettre du 28 juillet 1865.

M. Germon, qui ne se doute pas du caractère équivoque de cette communication, envoie un projet qui n'avait aucune raison d'être, dans l'état où mon nouveau programme plaçait l'étude à faire. M. Ricour oppose à ce projet des motifs extraits de ma correspondance, mise au secret, et donne à M. Germon, à titre d'instructions personnelles, un programme d'essais, dans lequel il s'approprie une partie de mes indications, mais en les dénaturant, en maintenant le principe de M. de Bergue, c'est-à-dire, l'évacuation à l'extérieur des gaz ou vapeurs, et en écartant l'une des conditions fondamentales de mon programme, le refoulement dans la chaudière.

La date du programme de M. Ricour est du 23 octobre 1865 ; à plusieurs reprises et jusqu'au 25 janvier 1866, on fait suivant ce programme divers essais, auxquels M. Ricour n'accorde qu'une attention accidentelle ; le 17 février 1866, il conclut à la continuation de ces essais, dans le même ordre d'idées, c'est-à-dire en rejetant l'air et la vapeur dans l'atmosphère, et en annonçant qu'on cherchera *à éviter d'injecter dans les cylindres une aussi forte quantité de vapeur*.

La question n'a pas fait un seul progrès sérieux depuis les expériences des 28 et 30 août 1865, qui ont démontré l'impossibilité d'employer la compression des gaz ou de l'air seuls.

Le 23 février 1866, *six jours après l'envoi de son rapport*, M. Ricour reçoit ma lettre du 21 qui rappelle mes instructions antérieures, et qui insiste sur l'injection de l'eau. Cette lettre est mise au secret avec celle de l'année précédente, et M. Ricour, qui s'aperçoit qu'il a méconnu l'une des données essentielles de mon programme ou qui, l'ayant négligé volontairement, se décide à y revenir, ménage la transition en plaçant, dans une lettre de service, quelques lignes pour préparer M. Germon au nouvel ordre d'idées dans lequel on va entrer ; le lendemain samedi, il va faire, sur le chemin de ceinture, une expérience, la première qu'il ait dirigée personnellement, pour vérifier le parti qu'on peut tirer *du refoulement de la vapeur dans la chaudière ;* il fait cette expérience avec le régulateur fermé, et constate la nécessité de l'ouvrir.

Le lundi suivant 26, M. Ricour se rend à Valladolid, pour initier ses chefs de service à la solution nouvelle, qu'il présente sans en indiquer l'origine, et qu'il s'attribue le lendemain 27 en écrivant à M. des Orgeries. Dans la conférence il signale, de son chef et sans dire l'insistance avec laquelle je la rappelle à cinq mois d'intervalle, l'injection de l'eau dans l'échappement ; il accepte purement et simplement la condamnation que ses collaborateurs, incomplétement éclairés, prononcent contre ce moyen, qui finalement se trouve être aujourd'hui le seul rationnel et entièrement pratique.

La première moitié du mois de mars est consacrée à des essais d'injection de vapeur seule ; M. Ricour constate à deux reprises différentes que la vapeur prise dans la chaudière n'est pas humide, comme je l'avais supposé à tort, comme il l'avait sans doute supposé lui-même, et il prend le parti de recourir à l'injection d'eau, qu'il avait condamnée trois semaines avant.

Les expériences des 22 et 24 mars se font avec une injection d'eau suffisante, le mécanicien ouvrant en grand le robinet d'eau et réglant le robinet de vapeur *de manière à ne pas perdre un trop grand excès de vapeur.*

La solution aurait été acquise, complète et efficace, si

M. Ricour avait à ce moment entrepris une série d'expériences méthodiques, pour chercher quelles étaient les meilleures proportions d'eau et de vapeur à employer, pour vérifier ce que donnait l'injection d'eau seule, etc.

Mais il a la pensée malencontreuse de s'enfermer immédiatement dans son cabinet pour y construire l'échafaudage d'une théorie savante ; il s'appuie sur une donnée numérique inexacte, qui vicie le calcul des volumes d'aspiration ; il néglige l'influence calorifique de la vapeur saturée de la chaudière, qui n'est séparée des mélanges d'eau et de vapeur à 100 degrés que par des cloisons minces et conductrices, celle de la masse des cylindres et de leurs accessoires, c'est-à-dire de plusieurs tonnes de métal chaud en présence de quelques grammes d'eau à vaporiser.

Après une correction qui arrondit les chiffres, il pose comme règle d'application l'emploi de mélanges contenant 275 de vapeur contre 100 d'eau, et pour assurer l'observation de cette règle, il rend ses robinets solidaires, sans qu'il soit possible au mécanicien de les déclencher.

Les tuyaux se montent sur toutes les machines avec des bifurcations non symétriques, ce qui augmente encore les inconvénients du système adopté.

L'expérience ne tarde pas à montrer que les choses ne peuvent pas aller ainsi ; en juillet, l'application en grand se fait avec un rapport d'injections moins défavorable, 170 à 175 de vapeur contre 100 d'eau.

L'application montre que cela ne suffit pas, et en novembre on double les injections d'eau ; on arrive à 100 ou à 90 de vapeur pour 100 d'eau.

C'est au moment où la théorie de M. Ricour, et les idées sur lesquelles il fondait sa prétention à l'invention sont en complet désarroi, au moment où il est entraîné sur la pente qui aboutit au système que j'avais recommandé dès l'origine, et que la pratique sanctionne aujourd'hui, à l'injection de l'eau seule, qu'il s'approprie par un brevet une innovation à laquelle il n'a ajouté aucun élément utile.

M. Ricour quitte l'Espagne en mai 1867, sans avoir réussi à organiser une application régulière et satisfaisante.

A la fin de 1868, il reprend la question, et en mars 1869 il produit un mémoire, où ses erreurs sont reproduites et amplifiées, où sa conclusion est qu'il faut arriver à 50 de vapeur contre 100 d'eau, et où il enseigne qu'il faut injecter 22 kilogr. 50 d'eau et de vapeur dans une capacité d'aspiration qui ne peut en recevoir que le tiers.

M. Ricour n'a plus qu'un pas à faire pour arriver à la réalité en acceptant le rapport de 0 vapeur contre 100 d'eau; mais ce dernier pas lui coûte; il maintient avec âpreté cette hypothèse radicalement inexacte, que le raisonnement et l'expérience condamnent, de la pénétration et du passage dans les cylindres, sans vaporisation, de quantités d'eau chaude considérables. Ce n'est plus par conviction seulement qu'il soutient cette thèse, car dans son appendice, il n'ose pas discuter les faits incontestables qui la mettent à néant; il les passe sous silence et les réduit aux proportions *d'une expérience de 15 minutes, sur une faible pente, dont il faut aller chercher l'interprétation dans sa théorie.*

M. Ricour cherche enfin, en faisant à tout propos, et d'une manière aussi exagérée qu'inexacte, étalage de la théorie mécanique de la chaleur, à faire croire à ses lecteurs que la science l'a conduit par la main à la découverte des principes et des combinaisons mécaniques qui ont assuré la solution du problème. Les pièces du procès montrent suffisamment, que la théorie de la chaleur n'est intervenue que pour définir et pour expliquer les résultats obtenus; cette théorie a mis un bandeau sur les yeux de

M. Ricour, et l'a aveuglé à ce point qu'au mois de mars 1869, au moment où s'imprimait son nouveau mémoire, il n'avait encore aucune idée nette sur l'effet des agents que la contre-vapeur met en œuvre et sur l'usage à en faire.

Il n'y a qu'un seul point sur lequel M. Ricour, après avoir compromis la solution par une altération du principe de l'injection d'eau, puisse réclamer l'initiative : c'est la solidarité entre les deux robinets d'injections. — C'est une des fautes qui ont le plus contribué à l'insuccès des applications en Espagne.

Les observations contenues dans ce résumé étaient explicitement formulées, ou déposées en germe dans le mémoire auquel M. Ricour a cru devoir répondre par son introduction et par son appendice ; il n'en a pas abordé de front la discussion, et sa tactique a été, à l'aide des moyens dont j'ai plusieurs fois signalé le caractère, de chercher a établir que je n'avais jamais songé à autre chose qu'au frein de M. de Bergue ; que, par suite, la contre-vapeur étant chose essentiellement distincte, j'y étais resté absolument étranger et que dès lors c'était bien à lui, à lui seul, que le mérite de cette innovation incombait.

Dans mon premier mémoire j'ai contesté à M. Ricour toute participation à *l'invention;* je lui conteste aujourd'hui tout mérite d'exécution dans l'étude à laquelle il a participé, et je ne crains pas d'affirmer que son intervention, à laquelle le hasard des situations a seul donné lieu, a été une cause de retard prolongé dans les essais préliminaires et dans l'application, et que, par le trouble et l'obscurité qu'il a répandus sur cette question si simple, il en aurait compromis sérieusement le succès, si d'autres ingénieurs, plus expérimentés et affranchis de tout parti pris, ne l'avaient pas menée à bien.

# APPENDICE

J'ai résumé dans cet appendice plusieurs documents qui me sont parvenus pendant le cours de l'impression, et diverses notes dont l'insertion aurait allongé l'exposé que j'avais surtout pour objet de présenter.

Les documents sont numérotés de 1 à 4; les notes viennent à la suite, avec renvoi relatifs aux parties du mémoire auxquelles elles correspondent.

N° 1. *Chemin de fer de Paris à Orléans.*

« Aurillac, le 29 juin 1869.

» Monsieur Lemblé,

» En réponse à votre lettre du 26 courant, j'ai remarqué qu'à l'époque » où l'on se servait encore d'un mélange de vapeur pour l'injection des » tiroirs et des pistons pendant la marche renversée, et même depuis » que la culotte de distribution avait été modifiée, que les frottements » des tiroirs laissaient toujours à désirer, l'on remarquait des grippures » quoique légères sur les tiroirs, de même que sur la table et principale- » ment sur les deux barettes de séparation d'orifices d'échappement et » d'introduction. L'effet n'était pas le même sur les cylindres, qui cepen- » dant n'avaient pas le poli de ces pièces, et les garnitures de chanvre » étaient à peu près brûlées après chaque voyage.

» Depuis que l'on ne se sert que de l'eau seule pour cette injection, les » tiroirs et les pistons ne sont plus les mêmes, les frottements en sont » beaux et les garnitures font un meilleur usage, quoiqu'il s'en consomme » encore beaucoup.

» Quant aux joints des tiroirs et des pistons, nous en faisons relative- » ment peu, et je ne me suis pas aperçu qu'il y en avait plus à faire dans « l'un que dans l'autre de ces deux cas.

» Pour mon compte, je conclus que l'injection d'eau seule est de beau- » coup préférable, qui, à part les motifs que je viens de désigner, simpli-

» fie le travail des machinistes ; ces derniers m'ont dit dépenser moins » d'eau en s'en servant seule que mélangée avec de la vapeur. Je ne sais » quel cas l'on doit faire de cette version.

» Dans le travail des pièces du mouvement, je n'ai encore, jusqu'à » présent, rien vu qui soit digne de remarque, si ce n'est que la glissière » inférieure s'use autant que celle d'en haut, et que nous donnons plus » souvent du serrage aux colliers d'excentrique ; tout le mouvement en » général va bien et ne présente rien d'anormal.

» Je suis avec respect, etc.

« *Signé* SAGET.

N° 2. *Chemin de fer de Paris à Orléans.*

« Périgueux, le 10 juillet 1869.

» Monsieur Forquenot,

» Après avoir reçu la lettre ci-jointe de M. Saget, j'ai envoyé » M. Chaussegros à Aurillac, qui a visité les tiroirs, pistons et cylindres » de la machine 1103 pour savoir comment étaient leurs surfaces frot- » tantes depuis que nous n'employons plus que de l'eau seule pour rete- » nir les trains à l'aide de la marche renversée.

» Ces surfaces ont été trouvées très-belles ; elles n'ont pas été touchées » depuis la sortie de la machine des ateliers, elle a parcouru 23 000 ki- » lomètres depuis sa sortie.

» MM. Chaussegros, Saget et les machinistes consultés trouvent que » l'emploi de l'eau sans vapeur est bien préférable à celui de l'eau avec » de la vapeur. On n'est pas obligé de changer les garnitures des boîtes à » étoupes aussi souvent qu'autrefois. Ils trouvent aussi qu'il faut moins » d'eau. M. Chaussegros l'a en effet constaté dans plusieurs voyages. Il » n'ouvrait le robinet de prise d'eau que de 2 millim. 1/3, et on l'ouvrait » de 5 millim. 1/3 à l'époque où on employait l'eau et la vapeur.

» En résumé, l'emploi de l'eau seule paraît préférable sous tous les » rapports.

» Il n'a été rien remarqué d'anormal pour les pièces du méca- » nisme.

» Les joints des plateaux des tiroirs et pistons n'ont pas besoin d'être » refaits plus souvent qu'autrefois ; ils perdent rarement.

» Votre tout dévoué,

» *Signé* LEMBLÉ. »

N° 3. *Société I. R. P. des chemins de fer du Sud de l'Autriche.*

**Extrait d'un rapport présenté à M. Gottschalk, directeur du matériel et de la traction. — 9 juillet 1869.**

Des différentes méthodes que nous avons suivies pour descendre les fortes pentes (25 millim. par mètre) du Brenner, au moyen de la marche inverse, celle qui consiste à injecter exclusivement de l'eau dans les tuyaux d'échappement paraît préférable.

Quand le train est suffisamment lancé sur la pente, on ferme généralement le régulateur, on ouvre peu à peu le robinet d'injection d'eau et l'on met la distribution à la marche inverse ; mais la fermeture du régulateur n'est nullement nécessaire, et l'on peut, au contraire, après l'ouverture de l'injection d'eau, renverser la distribution sans fermer le régulateur, si les tampons sont en contact sur toute la longueur du train, de telle sorte qu'il pousse la machine ; le passage du point mort se fait plus facilement avec l'injection d'eau seule que lorsqu'on injecte de la vapeur ou un mélange d'eau et de vapeur ; les surfaces frottantes et garnitures se trouvent mieux lubrifiées et plus rafraîchies.

Pour régler la quantité d'eau à injecter, il n'y a qu'à observer la cheminée et faire qu'elle reste toujours couronnée d'un léger panache de vapeur qui doit être maintenu aussi constant que possible.

Si la quantité d'eau injectée est trop considérable, une portion de cette eau, qui s'est réduite en vapeur sous l'influence d'une pression plus faible, se condense de nouveau et retombe dans la cheminée sous forme de pluie fine. Il faut avoir soin de se débarrasser le plus tôt possible de cette eau de condensation qui emplit nos cheminées spéciales à lignites et peut même se rassembler en quantité notable dans la boîte à fumée.

L'eau d'injection qui arrive dans les boîtes de tiroirs et dans les cylindres se réduit promptement et presque complétement en vapeur, et y produit un effet de refroidissement sensible qu'on peut facilement constater en plaçant la main sur les deux couvercles des cylindres.

Pendant la marche, les injecteurs Giffard alimentent régulièrement, et la pression de la chaudière diminue ou augmente, suivant qu'on augmente ou diminue l'alimentation.

Je dois même ajouter comme exemple qu'en descendant un train de 3450 quintaux (172 tonnes) et 36 essieux avec une machine à 8 roues couplées, j'ai pu, en employant la marche inverse avec injection d'eau, arriver à maintenir dans la chaudière une pression de 95 livres, soit 7 atmosphères 3/4, en ne chargeant dans le foyer que le peu de combustible nécessaire pour boucher les espaces libres qui se faisaient entre les barreaux de grille.

La vitesse moyenne a été de 2 milles (soit 15 kilomètres).

Cependant sur les parties en ligne droite et en pente de 1/40 la vitesse allait toujours en croissant, bien que l'admission de vapeur ait été poussée jusqu'au point où le patinage dans le sens contraire à la marche s'est produit plusieurs fois.

Il en résulte qu'en cas d'accident il faudrait nécessairement avoir recours aux freins du train pour produire l'arrêt, et qu'ainsi le mécanicien n'aurait plus sous la main un moyen supplémentaire pour éviter de tomber sur un obstacle.

N° 4. *Chemin de fer de Paris à Orléans.*

« Montluçon, 6 juillet 1869.

» A M. Michelant, chef du service actif.

» Après avoir examiné les machines 1115 à 1135, à marche renversée, » pour l'arrêt ou le ralentissement dans les pentes, je viens vous donner » mon appréciation sur la marche de ces machines :

» 1° Lorsqu'on injectait de *l'eau et de la vapeur*, il a été remarqué que » les joints des plateaux, des cylindres et des boîtes à vapeur des tiroirs, » ne se détruisaient pas plus souvent que dans les autres machines, *mais* » *que les garnitures des presse-étoupes se brûlaient.*

» L'ordre ayant été donné quelques jours après l'arrivée de ces ma- » chines à Montluçon, de n'injecter *que de l'eau*, nous ne pouvons pas » vous fournir les renseignements que vous demandez, n'ayant pu avoir » de résultats pour ce premier cas de l'injection de l'eau et de la vapeur.

» 2° En injectant *de l'eau seulement*, les joints des plateaux des cylin- » dres se détruisent plus souvent, et cependant il n'y a rien d'extraor- » dinaire (1), *les joints des plateaux des tiroirs restent bons comme dans* » *le premier cas.*

» Les surfaces frottantes des tables d'orifices de distribution sont belles, » les surfaces des tiroirs laissent à désirer sur les bandes longitudinales, » mais il faut attribuer ce vice au graissage qui ne se fait pas facilement, » l'huile ne pouvant pénétrer sur ces bords.

» Les segments des pistons sont beaux, *les cylindres ne laissent rien à* » *désirer*. Le mécanisme se comporte bien, les articulations des pièces de » la distribution restent intactes ; si nous avons eu, à la machine 1132, » une bielle de suspension du tiroir grippée au tourillon, nous avons

(1) L'original du rapport porte une note du service central, constatant que ces avaries ont été au nombre de 35 environ, *soit 1 par mois* (par machine), et en observation : « Ce n'est pas la peine d'en parler. — Ce » serait sans doute arrivé sans marcher à contre-vapeur. — V. F. »

» trouvé la cause qui était que les deux surfaces des têtes qui reçoivent » les tourillons, n'étaient pas parallèles, et si un galet de secteur a grippé » à la machine 1125, c'est sans doute par le manque de graissage.

» Les machinistes sont satisfaits du changement de marche à vis, et » aujourd'hui qu'ils sont familiarisés avec ce système, ils le préfèrent au » levier : il est à remarquer que, quoique les machines 1114 à 1133 » soient presque de la longueur des plaques, nous n'avons pas eu de ma- » chines, pour la sortie ou la rentrée au dépôt, qui aient dépassé les rails » de la plaque (les machines se manœuvrent donc facilement).

» Les écrous ont déjà pris un peu de jeu sur les vis, on remarque un » temps perdu de 1 millimètre et demi lorque l'on fait marcher en » avant et en arrière. Les colliers des poulies d'excentrique ont un peu de » jeu ; je ne saurais attribuer cette usure à l'emploi de la marche ren- » versée, mais bien à l'effort qui se produit aux bielles par la grande » pression qui existe sur les tiroirs d'une si grande surface. »

(La lettre se termine par un détail relatif aux pompes alimentaires.)

Recevez, monsieur l'ingénieur, etc.

*Signé* SERGENT.

---

NOTE L. — *Rôle attribué par M. Ricour à la théorie mécanique de la chaleur.*

Un des moyens que M. Ricour a mis en œuvre pour faire prévaloir son thème, a consisté à dire et à répéter, sous toutes les formes, que la théorie mécanique de la chaleur l'avait guidé à la recherche des moyens rationnels de combattre les effets du renversement de la vapeur. — J'ai montré à plusieurs reprises combien cette assertion, au moins tardive, était mal fondée. — Il est utile d'insister sur la marche que M. Ricour a suivie dans l'ordre des idées théoriques.

Le 17 février 1866, M. Ricour rendait compte des essais faits depuis près de six mois sur le programme mixte qu'il avait substitué, le 27 octobre 1865, à mes instructions du 19 septembre précédent. — La lettre avait été préparée à Valladolid par M. Germon, et M. Ricour s'est borné à faire de sa main, sur la minute, diverses corrections dont aucune n'a un caractère scientifique; la conclusion était qu'il fallait continuer les essais du frein à air comprimé, avec évacuation extérieure, en cherchant *à éviter d'injecter dans les cylindres une aussi forte quantité de vapeur.*

On avait marché, à plusieurs reprises, avec une grande proportion de vapeur, ou même avec un excès de vapeur.

Si les agents de M. Ricour n'avaient pas été enfermés dans un programme formel, qui prescrivait expressément de rejeter la vapeur dans l'atmosphère, même quand elle était injectée en excès, de manière à exclure l'air, ils seraient naturellement arrivés à renvoyer la vapeur dans la chaudière, comme on le faisait pour les gaz de la boîte à fumée dans le renversement ordinaire de la vapeur.

Ils ne l'ont pas fait; les expériences étaient suivies par un chef de dépôt et un inspecteur qui observaient fidèlement la consigne donnée.

L'idée n'en est pas venue non plus à M. Ricour, quand il a remanié de sa main, le 17 février 1866, le projet de lettre préparé par M. Germon, et en particulier, les passages relatifs à la grande consommation de combustible, et à l'impossibilité de faire un emploi général d'un système aussi coûteux. Il n'y avait pas besoin de la notion d'équivalence de la chaleur et du travail, pour voir qu'il était absurde de tenir le régulateur fermé et la vanne d'évacuation ouverte, lorsqu'on arrivait à substituer une atmosphère de vapeur à celle des gaz chauds et malpropres du système ordinaire; c'était de la mécanique purement pratique, à la portée d'un élève machiniste. Mais ce pas n'a pas été fait; M. Ricour conclut à la continuation des essais avec le moins de vapeur possible, pour éviter la dépense que sa perte occasionne.

*Six jours après l'envoi* de ce rapport et de ces conclusions, le 23 février 1866, ma lettre du 21 arrive entre les mains de M. Ricour, et lui fait revoir, dans celle du 19 février 1865, ces mots « *refouler dans la chaudière* », qui deviennent pour lui un trait de lumière.

Il était resté six mois sans s'occuper personnellement des expériences, dans lesquelles il n'était intervenu que pour dénaturer mon programme. Il voit tout à coup qu'il y a quelque chose à faire, et prend en main la direction du travail avec une sorte d'activité fiévreuse. — Dès ce même jour 23, il ménage la transition en indiquant à M. Germon, dans une lettre de service, relative à un autre objet, l'idée de *refouler dans la chaudière;* le lendemain 24, il fait un essai *de refoulement* sur le chemin de ceinture, *régulateur fermé*, arrive le lundi 26 à Valladolid, où il règle la marche à suivre pour les nouveaux essais, et le mardi 27, il écrit à M. des Orgeries une *lettre personnelle*, où il se pose comme auteur d'une solution nouvelle, d'une extrême simplicité. Il n'est nullement question de la théorie mécanique de la chaleur ou des considérations qui s'y rattachent ; ce sont *les essais* déjà faits qui *conduisent* M. Ricour à augmenter l'injection de la vapeur, et à faire rentrer la vapeur dans la chaudière, au lieu de la perdre à l'extérieur.

La théorie mécanique de la chaleur n'a rien à faire, et n'intervient pour rien dans la question. — M. Ricour a trouvé dans ma correspondance, qu'il faut refouler dans la chaudière, il le fait, imparfaitement à la vérité, en laissant le régulateur fermé, mais avec un certain succès relatif; il trouve que l'idée est bonne et se l'approprie.

Les faits et l'aveu qui résultent du silence de M. Ricour montrent que c'est bien ainsi que les choses se sont passées. S'il en avait été autrement, si, à un moment quelconque, entre le 17 et le 23 février 1866, il s'était pris de passion pour l'étude de la question qui lui était restée jusque-là indifférente, s'il avait appliqué à cette étude la théorie mécanique de la chaleur, il n'aurait pas écrit à M. Germon quelques simples phrases de raccord entre les essais passés et les essais à venir, et il n'aurait pas manqué de dire, le 27, à M. des Orgeries, auquel il racontait ses succès dans une *lettre personnelle*, l'heureux usage qu'il aurait fait de sa théorie de prédilection.

M. Ricour est purement et simplement rentré dans la voie qui lui avait été tracée, et dont il avait dévié.

Sa lettre du 8 mars 1866, fournissant le rapport que j'avais demandé le 3 mars, fait intervenir pour la première fois, mais uniquement comme moyen d'explication, les notions d'équivalence du travail et de la chaleur ; — la chaleur équivalente au travail de la pesanteur est recueillie par la vapeur et transportée dans la chaudière, et finalement se perd dans l'atmosphère au moyen d'une évacuation de vapeur.

M. Ricour, en faisant intervenir la théorie pour rendre compte des résultats qu'il a obtenus de la mise à exécution de la première partie de mon programme, ne voit pas qu'une portion de la chaleur sera recueillie par le métal des cylindres, et ne comprend pas encore à ce moment (8 mars 1866) la portée de l'indication que j'ai donnée en recommandant d'injecter de l'eau, si la vapeur n'est pas assez humide ; — il ne revient pas encore sur la condamnation qu'il a portée le 27 février précédent contre l'injection *d'un petit filet d'eau*.

A cette date *du* 8 *mars* 1866, il fait remplacer le tuyau d'injection et le robinet de vapeur, qui étaient jugés trop petits, par un robinet et par un tuyau plus grands, et il fait partir celui-ci de la *boîte du régulateur*. Or, la machine servant aux expériences avait une prise de vapeur Crampton, appareil combiné pour éviter l'entraînement de l'eau dans les cylindres pendant la marche ordinaire; une petite quantité de vapeur prise dans un appareil, disposé pour éviter l'entraînement de l'eau quand la dépense de vapeur est très-forte, ne pouvait pas être à l'état de vapeur humide.

M. Ricour, impressionné par les observations qui lui avaient été faites à Valladolid, craignait l'eau et ne la recherchait pas.

Il a constaté lui-même, le 16 juin 1866, comment il avait été amené à injecter de l'eau : « J'ai été conduit, après deux » expériences, à rendre la vapeur *humide par un jet d'eau* » *spécial, après avoir vu la vapeur sortir très-sèche par des* » *fuites aux boîtes de tiroir.* » — Dans l'expérience du 17 mars, les garnitures avaient été brûlées.

M. Ricour ne fait allusion qu'aux essais qu'il a faits lui-même ; mais du 1er au 17 mars, la machine d'expérience était restée en service pendant onze jours, et avait effectué un parcours de 1515 kilomètres ; les mêmes effets avaient pu être observés nombre de fois.

M. Ricour n'est donc pas autorisé à dire aujourd'hui que, dès le 27 février, à Valladolid, il « donnait les instruc- » tions nécessaires pour établir un premier appareil, qui » n'était autre que le tube d'inversion *injectant dans l'é-* » *chappement un mélange de vapeur et d'eau.* »

Cette assertion est, je le répète, en contradiction absolue avec ce fait, rapporté par lui-même, qu'à la date du 8 mars il faisait monter (*Je fais monter en ce moment.....*) le tuyau de prise de vapeur sur la boîte du régulateur Crampton, le *point de la chaudière où la vapeur est au maximum de siccité ;* s'il avait pensé à ce moment qu'il fallait favoriser l'entraînement de l'eau, il aurait mis son robinet de vapeur *partout ailleurs que sur le point choisi par lui.*

Quand M. Ricour est arrivé à reconnaître la nécessité d'employer une injection d'eau, il l'a fait conformément à mes indications. — Il a trouvé sur la chaudière un petit tuyau, muni d'un robinet à la main du mécanicien, le tuyau de purge de l'indicateur du niveau d'eau; il l'a branché sur le tuyau déjà existant pour l'injection de vapeur, et a ouvert le robinet en grand.

Ce tuyau avait 6 millimètres de diamètre intérieur, et devait débiter (à en juger par les expériences faites en juillet 1866, et rapportées par M. Ricour) environ 7 kilogr. 50 d'eau par minute. — Pour les faibles admissions et pour les faibles vitesses, ce débit aurait été suffisant; soit parce que ce tuyau était trop petit pour les fortes admissions, soit plutôt parce que M. Ricour ne faisait jouer à l'eau qu'un rôle accessoire, la vapeur a été employée concurremment avec elle; cette combinaison de la vapeur avec l'eau est la seule chose qui ait été faite en dehors de la lettre de mes instructions, et elle a eu lieu postérieurement au 27 février.

La marche rationnelle à suivre après le premier essai, était de rechercher *par expérience* quelles étaient les proportions les plus convenables d'eau et de vapeur, d'essayer ce que produirait l'eau seule, en augmentant au besoin le diamètre du tuyau d'injection. — On sait ce qui s'est passé à partir de cette époque.

M. Ricour s'est uniquement borné à réaliser, sous une forme spéciale, ce qui lui avait été recommandé, ce qu'il avait repoussé d'abord, c'est-à-dire à refroidir les cylindres au moyen d'une injection d'eau. La lettre du 20 mars 1866, et celle du 16 juin suivant montrent que c'est la nécessité qui a fait revenir M. Ricour à ce moyen, lequel n'est sorti ni de ses réflexions, ni de ses recherches scientifiques.

Le rapport de M. Ricour, en date du 26 mars, fait intervenir les considérations théoriques uniquement pour expliquer les effets de l'eau, et elles se réduisent d'ailleurs à cette indication que, pour absorber la chaleur dégagée par le travail de compression, il faut l'appliquer à vaporiser une certaine quantité d'eau. — La quantité d'eau à injecter, suivant M. Ricour, pour l'unique absorption de la chaleur dégagée par le travail de compression, serait exagérée au point de vue théorique; c'est en réalité la quantité approximative que débite le robinet.

En resumé, le rôle que M. Ricour fait jouer à la théorie mécanique de la chaleur, *dans la découverte des moyens à mettre en œuvre* pour rendre pratique le renversement de la vapeur, est une pure fiction, à l'appui de laquelle il n'apporte aucune justification.

M. Ricour n'a rien découvert, et les mesures successives qu'il a adoptées ne lui eussent-elles pas été expressément indiquées à l'avance, elles ne seraient encore que le résultat de l'expérimentation et du tâtonnement.

Je crois d'ailleurs que pour épuiser cette question de l'équivalent mécanique de la chaleur, et du rôle qu'il a joué dans la *création* du nouveau système de marche à contre-vapeur, il convient de faire une observation générale.

La théorie mécanique de la chaleur explique ou précise en les mesurant les effets *du renversement de la vapeur;* elle n'a pas besoin de tenir compte de la nature de l'atmosphère dans laquelle se produit l'aspiration des cylindres. — Pour amortir la force vive d'un train, ou pour détruire le travail dû à la gravité quand un train descend une pente, il faut produire et absorber une quantité de chaleur déterminée, — si l'on supposait que les cylindres fussent indifférents à la chaleur propre des fluides élastiques qui les remplissent ou qui les baignent extérieurement, cette quantité déterminée de chaleur serait transportée dans la chaudière, et perdue par l'évacuation, à l'extérieur, des gaz et de la vapeur formée dans la chaudière ou dans les cylindres. — La rapidité avec laquelle le travail résistant serait transformé en chaleur, pour le cas spécial d'arrêt, dépendrait uniquement de la charge des soupapes et du cran d'admission.

Ce n'est pas la théorie mécanique de la chaleur qui enseigne que le métal des cylindres s'échauffe au contact des fluides élastiques chauds qui les remplissent, ou qu'il se refroidit au contact de l'air extérieur, plus en hiver qu'en été, que l'échauffement des cylindres sera moins rapide si l'on substitue de l'air extérieur à 20 degrés aux gaz de la combustion à 200 degrés, que la vapeur absorbera et emportera dans la chaudière une plus grande quantité de chaleur spécifique que les gaz de la combustion ou que l'air, et qu'enfin, le meilleur moyen d'absorber la chaleur dégagée est de la transformer en chaleur latente par la vaporisation de l'eau.

C'est là de la physique élémentaire, et si la théorie mécanique permet de *calculer* les effets obtenus, ce n'est pas elle qui indique la *nature* des moyens à employer. Les rôles sont distincts, à tel point que M. Ricour, en cherchant seulement dans la théorie mécanique de la chaleur un guide pour établir sa théorie, s'est fourvoyé de la manière la plus grave, par cela seul qu'il a négligé les *propriétés physiques* de la conductibilité des métaux, et a fait reposer le *secret de la solution* sur un état de chose physiquement impossible.

Je crois avoir agi plus prudemment, dans mon premier mémoire, en me bornant à calculer en bloc les effets calorifiques du renversement de la vapeur, et en déduisant du calcul les quantités d'eau à vaporiser dans chaque cas particulier, pour empêcher toute élévation notable de température au-dessus de la température de la vapeur, qui afflue de la chaudière pendant l'admission inverse.

Je crois avoir ainsi réussi à jeter un grand jour sur la question, en me tenant dans ces limites modestes, tandis que **M.** Ricour, en ayant recours à des théories d'un ordre très-élevé, y a introduit une confusion dont il n'est pas encore sorti lui-même. Les savants ont déjà commencé à traiter la question au point de vue de la théorie ; **M.** Ricour n'a certainement pas facilité leur tâche en prenant les devants.

Note M. — *Combinaison du tube d'inversion avec les freins automoteurs. — Comparaison avec les freins à vis.*

Pour compléter l'examen du nouveau mémoire de **M.** Ricour, il reste non pas à faire une rectification, mais à donner quelques explications sur une série d'expériences, dont la description, lue sans une attention spéciale, pourrait contribuer à répandre des notions erronées, sur les effets qu'on peut attendre de la contre-vapeur.

Ces expériences sont rapportées à la page 19 dans les termes suivants :

« *Combinaison du tube d'inversion et des freins automoteurs.* —
» L'énorme résistance que la machine peut développer en tête du train
» rend parfaitement pratique l'emploi des freins automoteurs. Cet emploi
» est nécessaire, lorsque les charges et les pentes sont telles que la résis-
» tance de la machine poussée jusqu'à la limite d'adhérence ne suffit plus
» pour produire des arrêts assez prompts. Nous espérons donner plus
» tard une théorie de ces freins, tels qu'ils ont été modifiés par nous, et
» la démonstration expérimentale de nos conclusions. Nous nous conten-
» terons pour le moment de rapporter les résultats comparatifs des arrêts
» obtenus pour un même train : d'une part avec des freins à vis manœu-

» vrés par des garde-freins, et d'autre part avec le tube d'inversion et un » égal nombre de freins automoteurs.

» Les expériences que je vais rapporter ont été dirigées officiellement, le » 30 avril 1867, par les ingénieurs du contrôle du gouvernement » espagnol.

» Une machine à huit roues couplées pesant 43 tonnes remorquait un » train de 32 wagons; le poids total du train était de :

443t,356,

» machine comprise. Les wagons avec freins à vis étaient au nombre de » six et pesaient ensemble :

76t,081.

» Les figures 14, 15, 16 (pl. 189) donnent à une échelle réduite les » courbes des vitesses pour les arrêts obtenus avec les freins à vis. Les » abscisses représentent les espaces parcourus à partir du point où le mé- » canicien fait entendre le signal d'arrêt. Les ordonnées sont proportion- » nelles aux vitesses.

» Le premier arrêt a été obtenu avec les freins à vis après un parcours » de 830 mètres sur une pente de 14 millimètres.

» Le deuxième arrêt a été obtenu après un parcours de 1040 mètres » sur une pente de 10 millimètres.

» Le troisième arrêt a été obtenu après un parcours de 1300 mètres sur » une pente de 10 millimètres.

» Dans les trois cas, le temps qui s'écoule entre le signal d'arrêt et le » serrage à bloc des freins est nettement accusé; la vitesse augmente » pendant un parcours de 200 à 400 mètres.

» Les figures 17, 18, 19 (pl. 189) donnent les courbes de vitesse pour » les arrêts obtenus avec le tube d'inversion et six freins automoteurs pla- » cés en tête du train et pesant ensemble 90t,080.

» Le premier arrêt a été obtenu après un parcours de 175 mètres sur » une pente de 10 millimètres.

» Le deuxième arrêt a été obtenu après un parcours de 280 mètres sur » une pente de 18 millimètres.

Enfin le troisième arrêt a été obtenu après un parcours de 250 mètres sur une pente de 17 millimètres.

» La forme de ces dernières courbes fait nettement ressortir l'action, en » quelque sorte immédiate du travail résistant de la vapeur sur les pistons » et le ralentissement progressif qui en est la conséquence.

» L'arrêt complet est produit dans un parcours moindre que celui où les » freins à vis commencent à agir efficacement ».

La première impression en lisant ces détails est de supposer que l'emploi de la contre-vapeur combiné avec les freins automoteurs donne des résultats incomparablement supérieurs à ceux qu'on peut attendre avec des freins ordinaires, et que ce dernier instrument est essentiellement défectueux.

Pour apprécier ces résultats, il faut se rendre compte de la composition du train.

Les six vagons automoteurs étaient en tête, parmi les douze premiers vagons ; les six vagons à frein à vis étaient l'un immédiatement après le premier vagon automoteur, les cinq autres disséminés parmi les onze vagons de queue. Un septième frein à vis était placé entre les deux premiers vagons automoteurs, et n'a été manœuvré que dans une troisième série d'expériences que je mentionnerai.

Lorsqu'on a essayé l'arrêt au moyen de la contre-vapeur les six freins automoteurs étaient déjà en prise, et, lorsque la contre-vapeur a été mise à fond de course ou à un cran d'admission plus avancé, leur serrage s'est trouvé immédiatement accru ; ils ont prêté instantanément leur concours à la contre-vapeur. Les arrêts ont été obtenus sur des parcours de 175 mètres, 280 mètres et 253 mètres.

Pour faire l'expérience, sur le même train, avec les six freins à vis seuls, il a fallu supprimer l'action de la contre-vapeur et mettre en prise les sabots de six freins sur un signal à coups de sifflet ; naturellement les freins automoteurs se sont desserrés, la vitesse du convoi s'est accélérée, et lorsque les freins à vis ont commencé à mordre il a fallu que leur action commençât par détruire l'accélération de vitesse acquise : Cela est indiqué par une phrase incidente, et surtout par les diagrammes. Mais l'importance de la question méritait bien quelques mots d'explication de plus.

Si l'on veut se rendre compte de la puissance d'arrêt des

freins à vis, il faut, sur les diagrammes, les prendre au point où ils avaient ramené la vitesse à son taux primitif, et substituer, pour le parcours d'arrêt :

A 830 mètres une longueur de.............. 250 m.
A 1040 mètres une longueur de.............. 290
A 1300 mètres une longueur de.............. 900 (1)

Ce qu'il paraît permis de conclure des résultats indiqués, c'est que les six freins à vis, appliqués pour produire le ralentissement sur la pente concurremment avec la contre-vapeur, au lieu et place des freins automoteurs et dans les mêmes conditions, c'est-à-dire préalablement mis en prise, auraient produit avec la machine des arrêts au moins aussi rapides, à circonstances égales, que la combinaison mise en parallèle. Cette expérience, ramenée à ces termes, ne prouve rien d'utile, si ce n'est ce fait bien connu, et qui constitue un des principaux avantages de la contre-vapeur : c'est qu'il faut plus de temps pour mettre en prise des freins à vis, complétement desserrés, que pour faire agir la contre-vapeur. Mais telle n'eût pas été le cas si l'expérience avait été fait dans des conditions sérieusement comparables, c'est-à-dire entre deux trains semblables, l'un marchant avec contre-vapeur partielle et six freins automoteurs partiellement serrés, et l'autre marchant en contre-vapeur au même point, avec six freins à vis en partie serrés (sans freins automoteurs dans la composition du train).

Lorsqu'on voit six freins à vis seuls, pesant 76 tonnes, arrêter en 250 mètres le train lancé à 29 kilomètres et demi, contre 175 mètres à la vitesse de 27 kilomètres, pour une machine de 43 tonnes en contre-vapeur et six

(1) Le diagramme indique qu'il y a eu quelque circonstance exceptionnelle qui a nui à l'effet des freins ; cet énorme parcours comparé au précédent ne peut pas être dû à un léger supplément de vitesse.

freins automoteurs pesant 90 tonnes, dans les deux cas sur une même pente de 10 millimètres, on peut, au moins provisoirement, renverser les conclusions de l'auteur pour ce cas spécial.

La troisième série d'expériences a été faite avec le frein du tender et le frein à vis intercalé entre le premier et le second automoteurs ; les arrêts ont été obtenus à 31 kilomètres de vitesse en 290 mètres et à 32 kilomètres en 338 mètres ; le frein du tender et un frein à vis ont été moins puissants que la machine pour actionner les freins automoteurs et compléter leur effet ; la différence doit tenir en partie au temps nécessaire pour la mise en prise, mais comme les freins automoteurs n'ont pas été desserrés il n'y a pas eu accélération.

M. Ricour cite un décret royal, en date du 28 août 1868, postérieur de plus d'une année à sa rentrée en France, basé sur un avis entièrement favorable du conseil général des ponts et chaussées de Madrid, qui recommande à toutes les compagnies de chemin de fer d'Espagne le système combiné du tube d'inversion et des freins automoteurs. Si les ingénieurs du contrôle n'ont pas eu d'autres éléments pratiques que l'expérience qui vient d'être rapportée, ils ne se sont pas montrés exigeants.

On peut, à défaut d'expériences suffisantes, chercher par des calculs simples à quel nombre de freins équivaut l'usage de la contre-vapeur sur une machine locomotive. J'ai supposé en faisant des calculs de ce genre, pour simplifier les données de la question, que les roues des machines offraient, par essieu moteur ou porteur, une charge de 12 tonnes sur les rails, et j'ai pris comme terme de comparaison un frein lesté de dix tonnes. Je suis arrivé ainsi à établir, comme règle pratique approchée, que la contre-vapeur équivaut, pour chaque paire de roues motrices, à un frein lesté en bon état, soit : quatre vagons à frein pour une machine à 8 roues accouplées, deux pour une machine mixte.

Mais la contre-vapeur a un avantage considérable sur les freins, c'est d'être d'une mise en prise plus prompte, d'être entre les mains du mécanicien, et d'être moins soumise aux causes qui diminuent le frottement sur les rails, causes qui peuvent d'ailleurs être combattues par l'usage du sablier. A mon sens, un de ses principaux avantages est d'exonérer l'exploitation des chemins de fer des embarras qu'il est permis d'attribuer aux freins automoteurs.

### NOTE N. — *Lettre des* 3, 12 *et* 14 *mars* 1866.

M. Ricour a fait jouer un rôle considérable, dans sa polémique, à trois lettres portant ma signature ; il avait fait circuler la première dans Paris, bien entendu sans montrer parallèlement celles du 19 septembre 1865 et du 21 février 1866, à ce point qu'au moment où elle est rentrée dans les archives de la Compagnie, en février 1869, elle avait pris l'apparence d'un autographe précieux. La seconde a été mise en circulation en compagnie de la première, mais plus généralement à l'état d'extrait certifié conforme, dont un passage essentiel avait été retranché. La troisième, à laquelle M. Ricour fait également jouer un rôle dans sa polémique, est étrangère au sujet en discussion.

*Première lettre* (3 *mars* 1866). — Reproduite sous le n° 11 parmi les pièces justificatives annexées à mon mémoire.

La lettre du 27 février, de M. Ricour à M. des Orgeries, transmise sous la date du 28, m'était parvenue le 3 mars. Je l'avais communiquée à M. Guérin de Litteau, chef du matériel à la direction générale, qui s'occupait avec moi des détails relatifs au matériel, et je lui avais fait connaître pour la première fois les essais qui se faisaient en Espagne ; j'avais manifesté le projet d'écrire, comme je l'avais fait personnellement dans toutes les circonstances précédentes, et comme j'avais l'habitude de le faire toutes les fois qu'il ne s'agissait pas du service courant, pour demander des explications plus détaillées.

M. Guérin de Litteau se chargea de préparer la lettre, et se crut obligé d'entrer dans des détails qui étaient complétement inutiles, puisqu'il s'agissait uniquement de demander un rapport plus circonstancié que l'extrait de lettre du 27 février.

Cette lettre présente plusieurs incorrections et contradictions ; elle me fait dire que M. Ricour m'avait signalé l'inconvénient de l'*introduction de l'air sec dans les cylindres* et que j'avais conseillé de *saturer l'air d'humidité par un jet d'eau.*

M. Ricour venait de déclarer quinze jours avant, le 17 février 1866, que les essais du frein à air comprimé, avec injection de vapeur, étaient *satisfaisants*, sauf la dépense, et il avait annoncé qu'il reprendrait les essais en évitant autant que possible d'ajouter de la vapeur à l'air ; j'avais répondu le 21 février en rappelant une correspondance antérieure, et en insistant sur l'emploi *de l'eau*, mais sans autre explication et en laissant à l'expérience le soin de montrer ce qui se produirait. La seule signification qu'on puisse attacher à cet alinéa, c'est que j'appelais une troisième fois l'attention sur l'injection de l'eau.

M. Guérin de Litteau, en écrivant, cherchait à s'expliquer à lui-même le mécanisme des essais et, à cette contradiction d'*un jet d'eau* saturant l'*air d'humidité*, il en ajoutait une autre en me faisant qu'il arrive au cylindre de l'air mélangé de vapeur, et, à quelques lignes plus loin, que dans la partie supérieure de l'échappement, il se maintient une colonne d'air qui reste immobile ou oscille peu; un croquis traduit graphiquement cette idée d'obturation.

En lisant cette lettre, j'ai dit à M. Guérin de Litteau qu'elle ne rendait pas ce que je lui avais dit, et il m'a offert de la recommencer. Je lui ai répondu que ce n'était pas la peine, puisqu'elle avait seulement pour objet de demander des explications plus complètes, et je l'ai expédiée après y avoir fait quelques corrections de ma main.

M. Ricour a d'ailleurs dénaturé, dans son argumentation, le sens des mots que j'avais ajoutés à cette lettre pour la rendre un peu moins incorrecte : « Le régulateur étant » ouvert au lieu d'être fermé comme *dans ma combinaison primitive.* » Ces mots : *ma combinaison primitive*, se rapportent, comme *la modification au procédé primitif* de la lettre du 28 septembre 1865 de M. des Orgeries, à l'essai préliminaire du système de Bergue recommandé le 28 juillet; M. Ricour les applique, de son autorité, au programme du 19 septembre 1865, et en conclut péremptoirement que ce programme ne concernait qu'une modification du système de Bergue.

M. Ricour a fait de cette lettre, dont le caractère avait pu lui échapper à l'origine, mais lui était bien connu, lorsqu'il a rédigé son introduction et son appendice, un usage immodéré; il la cite jusqu'à treize ou quatorze fois, et il en fait une des bases essentielles d'une discussion, dans laquelle il ne doit y avoir que des faits à éclaircir.

M. Ricour peut contester les explications que je donne au sujet de cette lettre, mais il ne lui était pas permis de laisser ignorer à ses lecteurs les réserves que j'avais faites à l'occasion de sa publication dans les extraits de correspondance annexés à son mémoire. J'avais en effet présenté, à M. le secrétaire de la commission des *Annales des ponts et chaussées*, la note suivante :

« La reproduction exacte de cette lettre ne pourrait être » faite qu'en fac-simile ou avec une annotation comme » celle-ci :

» *Cette lettre avait été préparée par M. Guérin de Lit-» teau, chef du matériel à la direction générale, auquel » M. Le Chatelier venait d'expliquer le but des essais qui » se faisaient en Espagne, et qui n'avait qu'imparfaite-» ment compris ses explications. — Comme son principal » objet était de demander des explications, M. Le Chate-» lier l'envoya néanmoins, après avoir ajouté en marge, » de sa main, les mots soulignés.* »

« Si M. Ricour ne croit pas devoir accepter cette annota-» tion, je réclame au moins la constatation des circon-» stances matérielles, en ces termes :

« *Cette lettre a été copiée par un expéditionnaire; elle » porte en marge un croquis annoté de la main de M. Gué-» rin de Litteau, chef du matériel à la direction générale; » elle porte en renvoi, dans la marge, ces mots de la main » de M. Le Chatelier : le régulateur étant ouvert au lieu » d'être fermé comme dans ma combinaison primitive.* »

M. Ricour n'a accepté aucune de ces rédactions et y a substitué celle-ci : « Les deux passages en italiques sont » dans l'original écrits en marge de la main de M. Le Cha-» telier, le corps de la lettre est d'un expéditionnaire. »

Je n'ai pas voulu importuner la commission des *Annales* d'une difficulté de cet ordre, et j'ai dû me contenter de cette annotation, dont le but est maintenant éclairci.

*Deuxième lettre* (*12 mars* 1866). — Cette lettre, écrite de ma main, est un acte de bienveillance à l'égard de M. Ricour; elle a été produite par extraits incomplets, de manière à faire croire que, de mon propre aveu, l'invention du système de marche à contre-vapeur appartenait à M. Ricour, et que je constatais moi-même que je n'y étais pour rien. — Il n'y a rien dans cette lettre qui touche à la spécification ou à l'origine des moyens mis en œuvre pour résoudre le problème à l'étude; M. Ricour a trouvé le moyen d'en extraire des arguments pour sa polémique.

*Troisième lettre* (14 *mars* 1866). — Après l'arrivée des explications que j'avais demandées le 3 mars, et que la lettre de M. Ricour du 8 avait fournies, j'avais fait connaître à M. Noblemaire, qui m'était adjoint pour le service de la direction générale, et qui depuis est devenu directeur en Espagne, l'état des recherches que je faisais faire sur le renversement de la vapeur.

M. Noblemaire, après conversation et discussion sur ce sujet, avait examiné la question à un point de vue tout à fait distinct, qui se trouve être précisément une combinaison brevetée le 31 juillet 1865 par M. de Bergue; il prépara de sa main une lettre qu'il m'apporta à signer. — Je lui fis remarquer que cela était en dehors des idées dont l'application se poursuivait.

M. Noblemaire ayant pris la peine d'étudier cette combinaison et de la décrire, et insistant sur son utilité, je signai la lettre, en ayant soin, pour éviter toute confusion, d'ajouter en marge de ma main après ces mots : « l'étude de cette solution », ceux-ci : « *à laquelle M. Noblemaire vient de songer et que je m'empresse de vous transmettre.* »

Ces mots, ajoutés de ma main à une lettre écrite de la main de M. Noblemaire, expliquaient suffisamment que ce n'était pas un élément nouveau dont je venais moi-même compliquer la question. Aussi n'avait-il été fait jusqu'ici aucune allusion à cette lettre, que je n'avais reproduite aux pièces justificatives que pour compléter la série des documents.

M. Ricour a trouvé le moyen de se faire des arguments

au moyen de cette lettre qu'il cite quatre fois. — Pour en préparer l'usage, il avait refusé, dans la confection des extraits de correspondance, de constater que l'original était de l'écriture de M. Noblemaire, qu'il connaît aussi bien que moi, et avait réduit l'annotation à ceci : « Les mots en » italiques sont dans l'original, en renvoi, de la main de » M. Le Chatelier. Le corps de la lettre est d'une *autre* » *écriture*. »

NOTE P. — *Réclamation de M. Bourson.* — *Rapport de M. Proveux.* — *Essai de contre-vapeur en* 1858.

J'ai reçu de M. Bourson, inspecteur de la traction au chemin de fer du Nord d'Espagne, le 1er août, la lettre ci-après reproduite :

» Valladolid, 29 juillet 1869.

» Monsieur Le Chatelier, Ingénieur en Chef au Corps des Mines, Paris.

Monsieur,

» Je vous suis reconnaissant des deux notes flatteuses pour moi, que vous avez bien voulu mettre dans votre mémoire sur la contre-vapeur ; mais j'ai été peiné de voir que vous n'aviez pas jugé convenable de parler de mes propositions faites à Valladolid, le 24 février 1866, en présence de MM. Germon et Grébus, et renouvelées le 14 mars dans une note transmise à M. Ricour par le suppléant de M. Germon.

» Ayant étudié complétement, comme vous le dites, l'historique de l'invention de la contre-vapeur, je m'étonne que vous n'ayez pas désiré savoir si les faits avancés par moi étaient exacts.

» Je sais que j'ai contre moi une lettre adressée à M. Ricour par M. Germon, et dans laquelle ce dernier a cru pouvoir assurer que je ne lui avais pas indiqué, à la date du 9 août 1865, l'injection de vapeur dans le tuyau d'échappement, et qu'il n'avait pas connaissance de mes propositions du 24 février 1866. — M. Germon, en terminant cette lettre, demandait à M. Ricour s'il désirait que je sois interrogé à cet égard. — Cette demande est restée sans réponse.

» J'ose espérer, Monsieur, que, si vous répondez à la brochure de M. Ricour, vous vous ferez un devoir de vous éclairer sur cette question ;

**et que si le résultat de l'enquête m'est favorable, vous voudrez bien indiquer dans votre mémoire la part d'initiative à laquelle j'ai droit. Je compte sur votre impartialité pour que vous preniez ma demande en considération.**

**» J'ai l'honneur d'être, Monsieur,**
**» votre très-humble et obéissant serviteur,**
**» *Signé* Michel Bourson. »**

J'ai répondu à M. Bourson que, s'il pouvait préciser la date à laquelle M. Ricour avait eu sa note du 14 mars entre les mains, il me le fît télégraphier et confirmer par écrit par le directeur, et que s'il en était encore temps, je publierais en note, à l'appendice, sa lettre du 29 juillet avec la déclaration qui me serait transmise.

Au moment de donner le bon à tirer de l'Appendice, je reçois de M. Bourson une lettre du 4/5 août, arrivée entre mes mains le 7, de laquelle j'extrais ce qui suit, pour obtempérer à la mise en demeure qui m'est adressée :

« J'ai l'honneur de vous faire savoir que j'ai reçu votre » lettre datée du 1er et que j'ai envoyé à M. Noblemaire » une lettre qui vous est adressée et dans laquelle je dis » que M. Ricour avait connaissance de ma note du 14 mars » le 15 au matin. Je n'ai aucune pièce officielle pour » appuyer cette affirmation ; mais il peut être facilement » constaté sur les livres de sortie, que M. Noblemaire a » en sa possession, que ma lettre du 14 mars a bien été » envoyée le même jour à Madrid avec toutes les autres » pièces de la correspondance de Valladolid. Ceci ne peut » laisser de doute ; aussi je compte, monsieur, que vous » affirmerez le fait. »

Je me borne à reproduire cette affirmation de M. Bourson, sous sa propre responsabilité

La lettre du 4/5 août de M. Bourson est accompagnée de divers documents qui, sauf un seul, ne m'ont paru rien ajouter d'essentiel aux détails historiques que j'ai fournis, en ce qui concerne la contestation soulevée par M. Ricour à mon égard.

*Rapport de M. Proveux.* — Ce document est le rapport adressé à M. Ricour, le 13 mars 1866, par M. Proveux, chef de la traction, pour rendre compte de l'essai fait par lui le 10 précédent à la descente des Pyrénées, essai que j'ai cité page 170 de mon premier mémoire, et qui fait l'objet de la note de M. Bourson, reproduite par extrait page 70 ci-dessus.

M. Germon était parti en congé depuis quelques jours, et il était remplacé, comme chef de service à Valladolid, par M. Proveux; c'est donc directement à M. Ricour que ce rapport a été adressé; il a dû le recevoir le 14.

L'original de ce rapport n'a pas été retrouvé, dans les archives de la Compagnie, à Madrid, ou tout au moins il ne m'a pas été envoyé lorsque la direction a été autorisée à me communiquer les pièces de service; il a été récemment connu par une copie que M. Proveux lui-même a délivrée, et que j'ai pu collationner sur son registre de correspondance personnelle, son adresse à Paris m'ayant été envoyée avec le dossier.

L'essai a été fait sur la machine 520, à huit roues accouplées; le robinet de prise de vapeur avait été placé, conformément aux instructions de M. Ricour, vers la partie inférieure du grand dôme de prise de vapeur dont ces machines sont pourvues, à 15 ou 20 centimètres en contre-haut du corps cylindrique de la chaudière, par conséquent dans un point où la vapeur devait être sèche ou très-peu humide.

M. Proveux n'avait pas reçu d'instructions pour l'ouverture du régulateur, il l'affirme actuellement de la manière la plus précise; l'essai a été fait, régulateur fermé, et soulevé par la vapeur qui rentrait de force dans la chaudière.

Voici comment M. Proveux, dans son rapport du 13 mars 1866, rendait compte des résultats de cet essai :

« La dépense de vapeur existe toujours, de plus l'échauffement des tiges est considérable, comme je viens de le » dire ; en faisant usage de la contre-vapeur, et simplement » avec le secours du frein de tender, j'ai pu pendant le » trajet de Otzaurte à Oazurza modérer la vitesse et faire » 8 kilomètres dans le temps réglementaire. Déjà à l'arrivée à Oazurza, les tiges des tiroirs et des pistons avaient » changé de couleur, et accusaient une couleur bleue par » suite de l'échauffement.

» Le trajet de Oazurza à Zumaraga, 14 kilomètres, a » été fait de la même façon, en employant continuellement » la contre-vapeur et de temps en temps le frein du tender ; » de cette façon, j'ai pu modérer totalement la vitesse du » train et franchir cette distance dans le temps réglementaire (1).

» A l'arrivée à Zumaraga les tiges des tiroirs et des » pistons étaient bouillantes, les garnitures en feu au point » qu'elles ont dû être refaites pour continuer le voyage. » L'échauffement était tel, qu'il n'était pas possible de poser la main sur le cylindre, le plateau des tiroirs était » tellement chaud qu'en laissant tomber sur ce plateau une » matière inflammable, elle prenait immédiatement feu.

» *Je crois qu'il n'est pas nécessaire de refaire cette expérience dans ces conditions, il conviendrait d'employer de » la vapeur plus humide.*

» *Pour arriver à ce résultat, on pourrait faire la modification suivante : faire plonger le tuyau de prise de » vapeur de façon qu'il y ait entraînement de vapeur et » d'eau.* » — *Ensuite faire poser un manomètre.*

(1) La pente était de 15 millimètres par mètre, et le train se composait de 29 véhicules dont 25 chargés.

Le renversement de la vapeur avait eu lieu presque constamment au dernier cran.

Ce rapport avait dû préparer M. Ricour aux effets qu'il a pu constater lui-même le 17 mars, dans l'essai fait en sa présence dans le Guadarrama et dont il a rendu compte par sa lettre du 20 mars 1866, n° 15 de mon premier mémoire.

C'est incontestablement de cette époque seulement que date la résolution de M. Ricour de chercher à rendre la vapeur humide, résolution que la lettre du 20 mars manifeste en ces termes : « Je modifie un peu l'installation primi-
» tive de manière à la simplifier encore et d'injecter dans le
» tuyau d'échappement de la vapeur très-humide. J'utilise
» l'un des robinets réchauffeurs pour la prise de vapeur. »

Quelques jours après, cette pensée est réalisée par une injection d'eau à plein robinet du petit tube de purge du niveau d'eau.

A cette époque du 20 mars, M. Ricour, qui a fait un essai heureux le 24 mars, en pratiquant une injection d'eau à plein robinet avec une addition variable et limitée de vapeur, s'était trouvé : — en présence de mon programme du 19 septembre 1865, dont le terme *machine à vapeur inverse* avait été exactement et sans aucune modification reproduit dans les essais du 1er au 17 mars, — en présence du dernier terme de ce programme qui indiquait la possibilité de faire une injection d'eau au lieu de vapeur, — en présence de ma lettre du 21 février 1866 qui insistait sur cette combinaison d'injection d'eau en la précitant, — en présence du rapport de M. Proveux, en date du 13 mars 1866, qui conseillait de faire plonger le tuyau de prise de vapeur pour entraîner de l'eau, — et en présence de la note de M. Bourson, en date du 14 mars, qui recommandait d'envoyer à la base du tuyau d'échappement *un jet de vapeur aqueuse*, ou *encore un très-mince filet d'eau*.

On ne comprend pas ce que peut venir réclamer aujourd'hui M. Ricour, qui, le 17 février projetait de reprendre les expériences avec le frein à air comprimé et avec le moins de vapeur possible, qui, le 8 mars, faisait monter un nouveau tuyau d'injection sur *la boîte du régulateur Crampton*, de la première machine d'expériences, pour y prendre de la vapeur au maximum de siccité, et qui, le 19 mars enfin, avait encore en montage, sur une nouvelle machine, une prise de vapeur sèche au moyen d'un branchement établi sur le tuyau de vapeur de l'injecteur Giffard.

*Essai de contre-vapeur en* 1858. — Le dossier qui m'est transmis par M. Bourson contient la lettre suivante, adressée par lui le 27 avril 1869 à M. Proveux, chef du dépôt de Madrid, et la réponse de M. Rondel, sous-chef du même dépôt :

« Valladolid le 27 avril 1869.

» Monsieur Proveux.

» A mon dernier voyage à Madrid, M. Rondel m'a parlé d'une expérience qui avait été faite il y a quelques années sur le chemin de fer d'Alicante, avec un appareil à contre-vapeur à injection de vapeur par les purgeurs des cylindres.

» Vous seriez bien aimable de prier M. Rondel de me donner un croquis de la disposition déjà adoptée.— Je désirerais aussi connaître le nom de la personne qui a proposé cet appareil et la date de cet essai.

» Les expériences avec injection d'eau dans les boîtes des tiroirs ont donné de bons résultats dans les Pyrénées.

» Veuillez agréer, etc.

» *Signé* BOURSON. »

« Madrid 30 avril 1869.

» Monsieur Bourson.

» Je me fais un plaisir de répondre à votre désir au sujet de l'appareil à contre-vapeur, et des expériences que l'on m'a fait faire étant mécanicien en 1858 à la ligne d'Alicante.

» L'appareil consistait en un tube de cuivre d'environ 30 millimètres de diamètre intérieur, lequel était adapté à un robinet de prise de vapeur placé à l'avant de la chaudière, et qui d'habitude servait pour nettoyer les tubes à la vapeur à l'aide d'un tuyau de caoutchouc muni d'une lance, au lieu de se servir d'une tringle, comme on fait ici chez nous. — L'autre bout du tuyau de cuivre se divisait en quatre branches, et chacune se raccordait par le moyen d'un écrou à chaque purgeur. Lorsqu'on voulait faire fonctionner l'appareil, on ouvrait les purgeurs et le robinet de prise de vapeur et l'on renversait la marche, on ouvrait très-peu le régulateur, les cylindres étaient toujours remplis de vapeur et l'on réglait l'introducteur par les purgeurs, on notait (?) un petit coup d'échappement par la cheminée, et l'échauffement des cylindres n'avait pas lieu si l'on conduisait bien l'appareil, c'est-à-dire si l'on réglait convenablement l'introduction de la vapeur. Ces expériences n'ont pas eu de suite à cause d'un déraillement que nous occasionnâmes en retenant le train par la tête, et il y eut une avarie de wagons assez considérable, et tout en resta là. Depuis, je n'ai plus entendu parler de contre-vapeur, jusqu'à ce que M. Ricour est venu ici réveiller de nouveau cette question. La personne qui a eu cette idée à cette époque est M. Stuymecher, chef du dépôt d'Albacète.

» Ce sont là toutes les informations que je puis vous fournir.

» Votre serviteur, etc.,

» *Signé* RONDEL. »

Je profite de la possibilité de suspendre le tirage de mes dernières feuilles d'impression, pour faire connaître ce renseignement intéressant.

M. Bourson, en me le transmettant, annonce que, d'après les dernières informations prises, la vapeur injectée dans les cylindres était humide, et qu'il n'y avait pas de rentrée d'air dans le générateur.

Le système de M. Stuymecher aurait peut-être conduit à la combinaison plus simple que j'ai proposée, en faisant l'injection de la vapeur dans le tuyau d'échappement, et peut-être même à la combinaison plus essentielle de l'injection d'eau seule, si les expériences avaient été prolongées.

8 août 1869.

FIN.

# TABLE DES MATIÈRES



Paris. — Imprimerie de E. MARTINET, rue Mignon, 2.

PARIS. — IMP. E. MARTINET, RUE MIGNON, 2.

www.ingramcontent.com/pod-product-compliance
Ingram Content Group UK Ltd.
Pitfield, Milton Keynes, MK11 3LW, UK
UKHW022029170726
13837UKWH00001B/487

9 782019 973711